Collection
PROFIL LITTÉRATURE
dirigée par Georges Décote

Série
PROFIL D'UNE ŒUVRE

Le Père Goriot

(1835)

BALZAC

Résumé
Personna
Thèmes

GW00691804

GUY RIEGERT
Agrégé de Lettres Modernes

HATIER

DANS LA COLLECTION « PROFIL »

Autres « Profils » à consulter dans le prolongement de cette étude sur *Le Père Goriot*

● **Sur Balzac et son œuvre**

● **Sur le thème de l'ambition**

● **Sur Paris**

© HATIER, PARIS, OCTOBRE 1992   ISSN 0750-2516   ISBN 2-218-05253-9

SOMMAIRE

Toutes les références de pages renvoient au *Père Goriot*, coll. « Folio », Gallimard.

Fiche Profil

Le Père Goriot (1835)

HONORÉ DE BALZAC
(1799 -1850)

ROMAN DU XIXe, EXTRAIT
DE «LA COMÉDIE HUMAINE»

1. RÉSUMÉ

A la fin de l'année 1819, la Maison-Vauquer, près du Panthéon, à Paris, abrite plusieurs pensionnaires dont certains ont un comportement assez mystérieux. Parmi eux un certain M. Vautrin et un vieillard, le père Goriot. Deux jeunes gens contrastent par leur fraîcheur avec la masse des habitués : Victorine Taillefer, une orpheline, et Eugène de Rastignac, un étudiant.

C'est Rastignac qui perce le mystère du père Goriot grâce à sa cousine, la vicomtesse de Beauséant, qui l'initie aux mystères du grand monde. Goriot s'est ruiné pour ses filles, Anastasie de Restaud et Delphine de Nucingen. Mais celles-ci le tiennent à l'écart : elles ont honte de leur père, enrichi sous la Révolution dans la fabrication des pâtes alimentaires.

Vautrin révèle cyniquement à Rastignac les rouages de la société et les moyens de parvenir. Il veut faire sa fortune et le pousse à épouser Mlle de Taillefer, dont il s'arrange pour faire tuer le frère en duel afin de lui rendre la disposition d'un riche héritage. Rastignac refuse de le suivre ; il s'engage dans une relation amoureuse avec Delphine. Une enquête révèle que Vautrin est un ancien forçat. On vient l'arrêter.

Au moment où il croyait pouvoir quitter la pension, Goriot est frappé à mort en apprenant brutalement la situation familiale et financière désastreuse de ses filles, qui lui réclament son aide sans ménagement. Rastignac assiste seul à l'enterrement du vieillard, puis il lance un défi à Paris et à la société.

2. PERSONNAGES PRINCIPAUX

– Le père Goriot, 69 ans environ, ancien vermicellier, ruiné et abandonné par ses filles.
– Eugène de Rastignac, étudiant, issu d'une famille noble mais pauvre d'Angoulême. Protège le père Goriot, devient l'amant de sa fille.

– **Vautrin**, 40 ans, ancien forçat sous le nom de «Trompe-la-Mort».

– **Delphine de Nucingen**, fille de Goriot, mariée au banquier Nucingen, maîtresse de Rastignac.

– **Anastasie de Restaud,** fille de Goriot, mariée au comte de Restaud, maîtresse de Maxime de Trailles, qui vit à ses dépens.

– **Vicomtesse de Beauséant,** cousine de Rastignac et son initiatrice.

– **Victorine Taillefer,** une jeune orpheline, héritière d'une grande fortune.

– **Les hôtes de la pension Vauquer :** Mme Vauquer, la patronne ; Poiret, autrefois employé, Mme Couture, une parente de Victorine.

3. THÈMES

1. Paris sous la Restauration.
2. La condition des femmes et le mariage.
3. Le drame de la paternité.
4. La critique de la société.
5. Le pouvoir corrupteur de l'argent.

4. TROIS AXES DE LECTURE

1. Un roman d'apprentissage

En moins de trois mois, Rastignac s'initie aux réalités de la vie sociale et au monde des femmes et des sentiments.

2. Un roman de mœurs

A travers son héros, Balzac nous fait découvrir la vie à Paris par des tableaux variés de la société des beaux quartiers et par ses aperçus sur les bas-fonds criminels.

3. Un roman réaliste critique

Le réalisme de Balzac ne consiste pas en une simple reproduction photographique du monde. Son tableau de Paris est le fruit d'une vision et d'une élaboration poétique. C'est à ce prix qu'il peut faire voir et expliquer les tares d'une société.

1 Balzac : biographie

▰▰▰ LES DÉBUTS DANS LA VIE

Vie de Balzac	La fiction dans *Le Père Goriot*	Les événements historiques
1793 Le futur père de Balzac est président de la section des Droits de l'homme. Lié de près à des fournisseurs aux armées, il s'enrichit rapidement.	**1792-1793** Goriot accepte la présidence de sa section à Paris. Il commence sa fortune en vendant des farines « dix fois plus cher qu'elles ne lui coûtaient » (p. 112).	**Été 1793** Disette, « la fameuse disette » (p. 112); la spéculation fait rage. Le Comité de salut public est renouvelé en juillet 1793.
1799 (20 mai) Naissance à Tours d'Honoré Balzac.	**1797 (ou 99)** Naissance d'Eugène de Rastignac.	**1799** Début du Consulat.
1800 et 1802 Naissance de Laure et de Laurence Balzac, sœurs d'Honoré.	**1801 et 1802** Naissance de Laure et d'Agathe de Rastignac.	**1804-1814** Premier Empire.
1807 Naissance d'Henri-François Balzac, fils sans doute adultérin de M. de Margonne, châtelain de Saché.	**1809** Naissance d'Henri de Rastignac.	**1809** Mort d'une demoiselle Vauquer, à la pension Simon, rue de la Clef à Paris (non loin de la rue Neuve-Sainte-Geneviève, l'actuelle rue Tournefort).
1807-1813 Honoré est élève au collège de Vendôme.	**1813** Arrivée de Goriot à la pension Vauquer.	
1813 Ses sœurs fréquentent l'institution des dames Vauquer, à Tours.	**1815** Arrivée de Vautrin à la pension Vauquer.	**1814** Retour des Bourbons.
1814 La famille Balzac s'installe à Paris. Honoré commence des études de droit et de littérature.	**1819** E. de Rastignac est reçu bachelier en droit (juil.). En novembre, il revient à la pension Vauquer.	**1815** Les Cent-Jours. **1815-1824** Règne de Louis XVIII.
1819 Balzac est reçu au baccalauréat en droit. Ses parents quittent Paris pour Villeparisis, et Honoré va loger dans une mansarde près de l'Arsenal, où il rédige une tragédie : *Cromwell*.	**1820 (14 février)** Vautrin emmène Mme Vauquer au théâtre. **19 février** Mme de Beauséant donne son dernier bal. **20 février** Mort du père Goriot. **21 février** Son inhumation au Père-Lachaise.	**1819 (20 nov.)** Decazes devient Premier ministre. **1820 (13 février)** Assassinat du duc de Berry. **20 février** Démission de Decazes à la suite de l'attentat contre le duc. Retour des Ultras au pouvoir avec le 2e ministère Richelieu.

1820-1825	Les premiers romans que Balzac écrit, seul ou en collaboration, sont publiés anonymement ou sous des noms d'emprunt, à partir de 1822. Cette année-là, commencera sa liaison avec Mme de Berny, qui eut une grande influence sur lui.
1825-1828	Installé comme éditeur, imprimeur puis fondeur de caractères, Balzac fait de mauvaises affaires. Liquidation judiciaire; dettes de 60 000 F. Il retourne à la littérature.
1828	Il s'installe dans son appartement de la rue Cassini. Son propriétaire est un négociant en farines du nom de Marest (le Muret du *Père Goriot*? voir p. 130).

■■■■■ UN ÉCRIVAIN BIEN PARISIEN

1829 (mars)	*Le Dernier chouan (Les Chouans)*, premier roman signé Honoré de Balzac. En décembre : *La Physiologie du mariage*.
1830	Révolution dite des « Trois Glorieuses » (27, 28, 29 juillet), qui permet à Louis-Philippe, de la branche d'Orléans, de monter sur le trône.
1830-1848	Monarchie de Juillet.
1830-1833	Balzac se livre à une intense activité journalistique. Il fréquente assidûment les salons.
1831	*La Peau de chagrin,* « roman philosophique par M. de Balzac ».
1832	Balzac se convertit au parti légitimiste, parti d'opposition en faveur des Bourbons. En février, il reçoit la première lettre de Mme Hanska, signée « l'Étrangère » (la comtesse Hanska est ukrainienne).
1833	*Le Médecin de campagne* et *Eugénie Grandet,* romans.

■■■■■ LE BALZAC DE « LA COMÉDIE HUMAINE »

1834	Pour leur publication en volumes, Balzac regroupe ses œuvres en *Études de mœurs au XIXe siècle* et en *Études philosophiques.* Le système romanesque de

l'auteur et la conception générale de l'œuvre sont exposés dans des *Introductions* à chacune de ces séries. Première application du procédé du retour systématique des personnages.

En septembre, Balzac commence à rédiger *Le Père Goriot*. *La Revue de Paris* en commence la publication en décembre.

1835   *Le Père Goriot* paraît en librairie (mars).

1836   Balzac dirige la *Chronique de Paris,* revue dont il a acquis la majorité des parts. Il publie *Le Lys dans la vallée*.

1837   *César Birotteau*.
Voyage en Italie. Balzac quitte la rue Cassini, à Paris, pour aller s'installer à Sèvres.

1838   Long voyage en Italie, particulièrement en Sardaigne, où Balzac rêvait d'exploiter des mines d'argent.

1839   Intense activité littéraire. Publication de *Béatrix, Le Cabinet des antiques, Le Curé de village*. Autres romans en préparation. L'éditeur Charpentier réédite un grand nombre de ses œuvres (14 volumes).
Balzac est élu président de la Société des gens de lettres. Il échoue à l'Académie française.

1840   Sa pièce, *Vautrin,* est interdite après la première représentation. Il rédige seul les trois numéros parus de la *Revue parisienne* (dont la fameuse étude sur Stendhal).
Il quitte le ruineux domaine des Jardies à Sèvres pour l'actuelle rue Raynouard à Paris.

1841   Contrat pour la publication de ses œuvres complètes sous le titre de *La Comédie humaine*.
Mort du comte Hanski, mari de Mme Hanska.

1842   Avant-propos de *La Comédie humaine*.

1843   Balzac se rend à Saint-Pétersbourg où il rencontre Mme Hanska, qu'il espère désormais épouser.
Publication des *Illusions perdues* (pour la première fois en librairie avec ses trois parties).

1844   *Splendeurs et misères des courtisanes* (1re et 2e parties).
Voyages en Allemagne, en Belgique, en Hollande et à Naples en compagnie de Mme Hanska.

1846   Long voyage en Italie. A la fin de l'année, Balzac apprend que Mme Hanska a fait une fausse couche : très vive déception pour lui qui espérait avoir un fils de « l'Étrangère ».

1847   *La Cousine Bette, Le Cousin Pons,* romans.
Balzac passe la fin de l'année en Ukraine.

1848   Révolution de février. Proclamation de la IIe République.
Balzac, qui se trouvait à Paris au moment des événements, envisage un moment de se présenter comme candidat aux élections législatives. Il y renonce vite. En septembre, il repart pour l'Ukraine où il séjourne durant toute l'année 1849 chez Mme Hanska, qu'il épousera le 14 mars 1850.

1850   Retour de Balzac à Paris en compagnie de sa femme (20 mai). Son état de santé, déjà mauvais depuis quelques années, empire rapidement. Il meurt le soir du 18 août, après avoir reçu la visite de Victor Hugo.

■■■ I. UNE PENSION BOURGEOISE[1]

Présentation de la pension et de ses pensionnaires[2]
(p. 21 à 58)

Pour préciser la situation générale de la pension dans laquelle se déroulera une grande partie de l'action, le romancier évoque d'abord les teintes sombres du quartier qui s'étend entre les Gobelins et le Quartier latin (voir le plan, p. 44. C'est là qu'est située cette pension, la Maison-Vauquer, dans la rue Neuve-Sainte-Geneviève (l'actuelle rue Tournefort, parallèle à la rue Mouffetard). Le narrateur décrit la rue, puis l'établissement étage par étage. Enfin, il présente les personnages. D'abord madame Vauquer, l'hotesse, puis ses pensionnaires : mademoiselle Michonneau, une vieille fille, et Poiret, un ancien employé qui la suit partout ; Victorine Taillefer, une jeune fille déshéritée par son père et madame Couture, une parente éloignée qui lui sert de mère; Eugène de Rastignac, un étudiant pauvre, fils d'une famille noble de province; le mystérieux monsieur Vautrin. Le plus ancien pensionnaire est un vieil homme qu'on appelle le père Goriot. Il s'est installé à la pension en 1813 après avoir quitté les affaires. Durant la première année de son séjour, sa bonne mine et

---

1. Ce titre et les suivants en majuscules dans ce chapitre sont de Balzac.
2. Ce titre et les suivants en minuscules dans ce chapitre sont de l'auteur de ce « Profil ».

sa fortune avaient attiré l'attention de l'hôtesse, qui avait espéré s'en faire épouser. Mais madame Vauquer avait dû renoncer à son projet devant l'indifférence du vieil homme. D'autant que, d'année en année, celui-ci avait manifesté tous les signes d'une déchéance et d'un appauvrissement progressifs. Recevant de temps à autre d'élégantes jeunes femmes qu'il prétend être ses filles, il se voit attribuer des mœurs de libertin. Le pauvre homme est devenu la cible des railleries des pensionnaires.

Les mystères de la pension Vauquer (p. 58 à 84)
(Une nuit de novembre 1819)

En rentrant d'un bal, Rastignac surprend Goriot en train de transformer en lingot un service de table en vermeil[1], et il perçoit « le son de l'or » dans la chambre de Vautrin, encore éclairée à deux heures du matin (p. 63).

Un peu plus tard, à neuf heures trente, presque tous les pensionnaires sont sortis. Dans le salon de la pension, les domestiques Christophe et Sylvie les attendent pour le déjeuner en commentant ce qu'ils ont vu et entendu : quelques jours auparavant, un « monsieur » les a interrogés l'un et l'autre au sujet de Vautrin; dans la nuit, celui-ci a reçu deux personnes; tôt le matin, le père Goriot est sorti en portant un paquet...

Vers dix heures moins le quart, madame Vauquer, qui vient de se lever, pénètre dans le salon. Elle y est suivie, quelques instants plus tard, de Vautrin. Celui-ci déclare avoir aperçu, au cours de sa sortie matinale, le père Goriot qui vendait un objet de vermeil à un orfèvre de la rue Dauphine. Il l'a vu se rendre ensuite rue des Grès (l'actuelle rue Cujas), chez un usurier nommé Gobseck. Goriot rentre à son tour à la pension et demande aussitôt à Christophe d'aller porter une lettre à l'adresse de la comtesse Anastasie de Restaud, rue du Helder. Vautrin intercepte cette lettre, et trouve dans l'enveloppe un billet acquitté (une reconnaissance de dette réglée). Arrive enfin

---

1. Le vermeil est de l'argent doré (recouvert d'une dorure), d'une couleur tirant sur le rouge.

Rastignac. Il raconte qu'il a vu rue des Grès, « à neuf heures du matin », la belle comtesse avec qui il avait dansé la veille au bal. Vautrin interprète alors les menus faits observés par lui et par Rastignac. Longue tirade sur les femmes, le « bourbier parisien », et les « hommes à passions ». Au cours du repas qui réunit tous les pensionnaires, le père Goriot est une fois de plus en butte aux plaisanteries stupides des convives.

Premières visites mondaines de Rastignac (p. 84 à 118)

(Le lendemain à trois heures de l'après-midi)

Rastignac se rend chez madame de Restaud (p. 84). Il y surprend Goriot au moment où celui-ci quitte le riche hôtel particulier des Restaud. L'étudiant éprouve une vive irritation en face d'un jeune dandy impertinent, Maxime de Trailles, dont il devine qu'il est l'amant de la comtesse. Rastignac est présenté à monsieur de Restaud, avec qui il converse assez familièrement jusqu'au départ de Maxime de Trailles. Monsieur et madame de Restaud changent brusquement d'attitude lorsqu'il lance dans la conversation le nom du père Goriot. Il ne comprend pas pourquoi, mais il devine qu'il a commis une lourde bévue.

Un peu plus tard, Rastignac se présente chez sa parente, la vicomtesse de Beauséant. Son arrivée tire d'embarras le marquis d'Ajuda-Pinto. Celui-ci ne savait comment apprendre à la jeune femme, avec qui il était lié depuis trois ans, son mariage imminent avec une riche héritière, mademoiselle de Rochefide. Le marquis ayant pris congé, Eugène demande à sa cousine de lui expliquer le mystère auquel il vient de se heurter chez madame de Restaud. Mais la conversation est interrompue par l'arrivée de la duchesse de Langeais qui, bien que se disant l'amie de madame de Beauséant, se fait un malin plaisir de dévoiler à la vicomtesse son infortune. Les deux grandes dames révèlent au jeune homme une partie de l'histoire de Goriot. C'est un ancien négociant en blé qui s'est enrichi sous la Révolution et qui a marié ses deux filles dans la haute société. L'une, Anastasie, a épousé le comte de Restaud ; l'autre Delphine, le baron de Nucingen, un riche banquier d'origine allemande. Au retour des Bourbons sur le trône, ses filles ont reçu Goriot moins souvent et plus discrètement : le vieillard était devenu compromettant pour ses gendres.

Elle-même sous le coup de la trahison d'Ajuda-Pinto et des perfidies de la duchesse, madame de Beauséant lui donne sa première leçon d'arrivisme.

Une entrée en campagne
(p. 118 à 130)

Rastignac, en qui se développe le sentiment de l'ambition, se fait d'amères réflexions (p. 117). Revenu à la pension, il s'institue le défenseur du père Goriot. Il écrit à sa mère et à ses sœurs pour leur demander de l'argent. Au cours de la semaine qui suit (première semaine du mois de décembre 1819), le jeune homme décide de sacrifier quelque peu ses études de droit à la conquête d'une position dans le monde. Il revoit deux fois madame de Beauséant, mais madame de Restaud refuse par trois fois de le recevoir. Il enquête sur les origines de la fortune de Goriot et les raisons de sa situation présente. Malgré sa médiocrité, cet ancien ouvrier vermicellier avait su s'enrichir par des spéculations sur les grains. Très riche, devenu veuf et dominé dès lors par un amour paternel passionné et exclusif, il a donné une éducation déraisonnable à ses filles en allant au-devant de leurs moindres caprices. Et il les a laissées choisir leurs maris, sans savoir les guider. Il a promis à chacune d'elles la moitié de sa fortune.

▬▬▬ II. L'ENTRÉE DANS LE MONDE

L'enseignement de Vautrin
(p. 131 à 160)

« Vers la fin de cette première semaine du mois de décembre (1819) » (p. 131)

Eugène de Rastignac reçoit, avec les lettres de sa mère et de ses sœurs, l'argent qu'il attendait. Il est tout près de se battre en duel avec Vautrin, dont il juge les railleries déplacées. Au cours d'un long entretien, celui-ci lui explique longuement ses conceptions de la société, et lui propose un moyen de réussir vite : épouser mademoiselle Victorine Taillefer, que la mort de son frère rendrait héritière d'une grosse fortune. C'est lui, Vautrin, qui s'arrangerait pour faire tuer ce frère en duel. Eugène refuse avec indignation.

Les tentations du grand monde (p. 160 à 188)

Après avoir appris du père Goriot que Delphine de Nucingen doit aller le lundi suivant au bal de la duchesse de Carigliano, Eugène dîne chez madame de Beauséant, qu'il accompagne ensuite au Théâtre-Italien. Il y est présenté à madame de Nucingen (p. 172) et il commence à la courtiser : sur les conseils de sa cousine, il a décidé d'en faire sa maîtresse. De retour à la pension, il rend compte de sa soirée au père Goriot. Le vieillard lui parle avec animation de sa passion paternelle.

Le lendemain, des idées assez immorales agitent le jeune homme. Depuis son entrée dans le monde, le discours de Vautrin fait son chemin en lui. Rencontrant son ami Bianchon au jardin du Luxembourg, il lui pose la question qu'avait proposée Chateaubriand[1] : tuerait-il pour s'enrichir, de Paris et par sa seule volonté, un vieux mandarin (un lettré), en Chine? Vertueux, l'étudiant en médecine répond par la négative. Eugène s'en trouve réconforté, et encouragé à rester lui-même vertueux. Mais quelques instants plus tard, il reçoit, par l'entreprise du père Goriot, une invitation à dîner de Delphine de Nucingen pour le lendemain...

Rastignac à la conquête de Delphine de Nucingen (p. 188 à 204)

Il s'y rend avec empressement. Avant le dîner, la jeune femme demande à Rastignac de jouer pour elle dans une maison de jeux près du Palais-Royal. Lorsque l'étudiant

---

1. Et non Rousseau, comme le dit Rastignac à la page 186.

revient avec les 7 000 francs qu'il a miraculeusement gagnés, Delphine lui fait ses confidences : son mariage ne lui a apporté que déceptions, son amant de Marsay l'a abandonnée et elle avait de gros soucis d'argent, qu'avec son gain au jeu il vient de dissiper. Rastignac et madame de Nucingen dînent ensemble puis vont passer la soirée au théâtre.

« Le lendemain » (en fait, le surlendemain, lundi), le bal de la duchesse de Carigliano présente pour Rastignac tous « les charmes d'un brillant début » (p. 205). Il est bien reçu du grand monde, tous les jeunes gens lui envient Delphine. Il est lancé.

Les compromissions
d'un jeune ambitieux (p. 204 à 219)
(De la mi-décembre 1819 à la fin janvier 1820)

Pendant une période d'un mois et demi, Rastignac mène une vie dissipée, accompagnant partout madame de Nucingen qui se compromet avec lui mais ne lui accorde pas tous les droits dont il paraît jouir. Il dépense beaucoup, joue, s'endette. Il est finalement tenaillé par le remords, et blessé dans son amour-propre par l'attitude de la jeune femme. Si bien qu'un soir de la fin janvier (1820), il cède aux suggestions que lui avait faites Vautrin et engage, à la pension, une conversation assez sentimentale avec Victorine Taillefer. Vautrin a observé le manège de l'étudiant. Il lui avoue tout l'intérêt qu'il lui porte, et lui propose à nouveau de faire sa fortune. En attendant, il lui prête 3 000 francs, en lui faisant signer une « lettre de change »[1] par laquelle l'étudiant s'engage à le rembourser dans un délai d'un an. En fait, c'est dès le lendemain que Rastignac peut récupérer cette lettre, contre 3 000 francs gagnés au jeu dans la nuit.

---

1. Document par lequel une personne s'engage à payer, soit à la première présentation, soit à une date déterminée, une certaine somme à une autre personne.

▰▰▰ III. TROMPE-LA-MORT

Intrigues policières
et menées criminelles (p. 220 à 251)

(« Deux jours après », en fait, deux semaines plus tard, 14 février 1820)

Poiret et mademoiselle Michonneau apprennent du chef de la police de sûreté que Vautrin est un forçat évadé du nom de Jacques Collin, surnommé « Trompe-la-Mort ». La vieille fille marchande sa collaboration à l'arrestation de Vautrin.

Réduit au désespoir par madame de Nucingen, de plus en plus troublé par ce que lui a dit Vautrin, Rastignac se laisse aller à courtiser Victorine. Vautrin surprend de nouveau la conversation, et annonce à l'étudiant que le lendemain aurait lieu un duel fatal pour le frère de la jeune fille. Eugène épouvanté veut prévenir les Taillefer. Le père Goriot vient lui annoncer que sa fille l'attend dans la garçonnière qu'elle a préparée, rue d'Artois. Le soir, à la pension, un narcotique administré par Vautrin endort Rastignac et l'empêche de sortir. Madame Couture et Victorine Taillefer s'occupent avec sollicitude du jeune homme. Vautrin emmène madame Vauquer au théâtre. Pendant ce temps, mademoiselle Michonneau va trouver le chef de la police pour lui demander la drogue destinée à neutraliser Vautrin, le temps de vérifier s'il porte bien, imprimée sur sa peau, la marque du bagne.

« Les péripéties
d'une grande journée » :
du duel de Michel Taillefer
à l'arrestation de Vautrin
(p. 252 à 273)

(Le lendemain, 15 février 1820)

Vers onze heures trente, à la pension, mademoiselle Michonneau verse la drogue dans le gobelet de Vautrin. Au même moment, Rastignac reçoit une lettre de Delphine qui se plaint de ne pas l'avoir vu la veille au soir. C'est alors qu'on vient annoncer à Victorine la grave blessure que vient de recevoir son frère en duel (p. 254).

La jeune fille quitte aussitôt la pension pour se rendre à son chevet. C'est le moment où Vautrin s'abat sous l'effet de la drogue. Mademoiselle Michonneau peut alors lui ôter sa chemise, et reconnaître les deux lettres du bagne sur son épaule : Vautrin est donc bien, sans aucun doute, le forçat que l'on soupçonnait. Rastignac, lui, s'est enfui après avoir appris les conséquences du duel. Bouleversé, il fait son examen de conscience. Il rejette avec horreur l'idée d'un mariage avec Victorine Taillefer. Il ne voit de salut que dans sa liaison amoureuse avec Delphine de Nucingen.

Vers quatre heures, lorsque l'étudiant rentre à la pension, Vautrin est rétabli. Mais le chef de la police de sûreté et trois de ses agents font brusquement irruption dans le salon pour l'arrêter. Comprenant que toute résistance lui serait fatale, Vautrin, démasqué, se rend. Sur l'insistance des pensionnaires écœurés par la bassesse de ses agissements, mademoiselle Michonneau doit quitter immédiatement la pension après le départ du forçat et des policiers. Poiret la suit. Indifférent à ces événements, Goriot emmène Rastignac rue d'Artois, dans l'appartement que sa fille met à la disposition de l'étudiant. Ainsi s'achèvent les péripéties de cette grande journée.

Les promesses
d'une vie heureuse (p. 273 à 293)
(Le lendemain, 16 février 1820)

Eugène va porter à Delphine une invitation au bal, qu'il vient de recevoir pour elle de madame Beauséant : ainsi la baronne de Nucingen sera enfin admise au faubourg Saint-Germain, le quartier de la vieille noblesse où, jusque-là, on a refusé de la recevoir en raison de ses origines sociales. En rentrant tard dans la nuit de chez sa maîtresse, Eugène se croit assuré de quitter la pension dès le lendemain avec le père Goriot. Il est convenu que celui-ci habiterait dans une chambre au-dessus de son appartement. Le vieil homme déclare en le revoyant : « Nous allons commencer demain notre vie heureuse. »

■■■■■ IV. LA MORT DU PÈRE

La douleur d'un père impuissant à sauver ses filles de la ruine et du déshonneur
(p. 294 à 319)

(Le 17 février 1820, vers midi)

Delphine vient trouver son père à la pension pour implorer son aide : son mari a placé sa dot dans des entreprises spéculatives. Il ne peut lui rendre la libre disposition de sa fortune avant un an, sous peine de faire faillite. A cette nouvelle, le père Goriot est atterré. Un peu plus tard, arrive à son tour madame de Restaud. Elle a dû avouer à son mari que les deux derniers de ses trois enfants sont de Maxime de Trailles, et qu'elle avait bien vendu à l'usurier Gobseck les diamants de la famille de Restaud pour payer les dettes de son amant. Mais elle a encore besoin de 12 000 francs. Elle s'en prend violemment à sa sœur en présence de Goriot, bouleversé par son impuissance à aider ses filles. C'est alors qu'intervient Rastignac, qui avait entendu la discussion de la chambre voisine. Après l'avoir libellée pour un montant de 12 000 francs et en faveur de Goriot, il remet à la comtesse de Restaud la lettre de change souscrite et reprise à Vautrin à la fin de janvier, en s'engageant à l'acquitter.

Désespéré, épuisé par la violence de la scène, le vieillard s'effondre sur son lit. Bianchon diagnostique une crise d'apoplexie. Le vieil homme est perdu (p. 316).

Cependant, Eugène et Delphine passent la soirée au Théâtre-Italien, puis dans l'appartement de la rue d'Artois.

L'agonie du père Goriot et le bal d'adieu de madame de Beauséant
(p. 319 à 335)

(Les 18 et 19 février 1820)

Ils déjeunent ensemble le lendemain (18 février 1820). Le jeune homme ne retourne à la pension qu'à quatre heures de l'après-midi. Il y retrouve le père Goriot au lit.

Le vieillard lui avoue être sorti dans la matinée pour vendre ses derniers biens afin que sa fille Anastasie, qui était revenue lui faire part de ses difficultés, puisse payer sa robe de bal pour la soirée chez madame de Beauséant.

Aucune des filles de Goriot ne se dérange pour venir voir son père et l'assister. L'une envoie un commissionnaire pour chercher l'argent de la robe, l'autre sa domestique pour faire remettre une lettre à Rastignac. Celui-ci, « navré de douleur », n'a pas le courage d'insister auprès de Delphine et la conduit au bal de madame de Beauséant. Celle-ci reçoit, pour la dernière fois, le Tout-Paris. Elle a en effet décidé, ayant été trahie par son amant, de se retirer en province. Vers cinq heures du matin, la vicomtesse fait ses adieux à son jeune cousin et à la duchesse de Langeais qui songe elle-même à aller vivre dans un couvent, et elle quitte Paris. Ajuda-Pinto vient d'épouser mademoiselle de Rochefide. L'éducation de Rastignac s'achève.

La mort du père Goriot (p. 335 à 362)
(Le lendemain, 20 février 1820)

Eugène s'occupe du père Goriot avec son ami Bianchon. L'état du vieillard a empiré. Il envoie Christophe chercher ses filles. Le domestique revient sans elles : Anastasie est en affaires avec son mari, et Delphine dort. Le vieux père est bouleversé. Dans un long discours pathétique, il évoque l'éducation qu'il a donnée à ses filles et exprime à la fois son amertume et son amour pour elles. Il les réclame avec plus d'insistance (p. 349-350).

Rastignac fait mettre sa montre en gage pour pouvoir payer les soins et le loyer du père Goriot exigé par madame Vauquer. Puis il se rend chez madame de Restaud afin de la prier de venir au chevet de son père mourant. Mais celle-ci est soumise au chantage de son mari et répond qu'elle ne peut sortir de chez elle. Quant à madame de Nucingen, elle se dit d'abord souffrante, mais sur l'insistance d'Eugène, elle finit par accepter d'aller à la pension.

Le père Goriot perd connaissance alors que Bianchon et Rastignac s'occupent de lui changer son linge. Il a pris les deux étudiants pour ses filles avant de sombrer dans l'inconscience. A ce moment, la femme de chambre de

Delphine vient annoncer que sa maîtresse a eu une crise de nerfs après une scène violente avec son mari, et qu'elle ne peut se déplacer. La domestique est suivie de près par Anastasie de Restaud en personne. Celle-ci a fini par céder aux pressions de son mari qui lui réclamait la vente de ses biens. Elle arrive trop tard : son père meurt sans avoir repris connaissance (p. 361) (20 février 1820).

Rastignac écrit au comte de Restaud et au baron de Nucingen pour qu'ils pourvoient aux frais de l'enterrement.

L'enterrement du père Goriot et le défi de Rastignac
(p. 362 à 367)
(Le lendemain, 21 février 1820)

Rastignac va déclarer le décès en compagnie de Bianchon et, faute d'avoir obtenu une réponse des gendres du père Goriot, il doit régler lui-même tous les frais. L'inhumation a lieu dans la soirée, le 21 février (1820), au cimetière du Père-Lachaise. Seuls Rastignac et Christophe y assistent. Messieurs de Restaud et de Nucingen se sont contentés d'y envoyer leurs voitures, vides. Resté seul après l'humble cérémonie, Rastignac regarde Paris à ses pieds, prononce « ces mots grandioses » : « " A nous deux maintenant ! " », et va dîner chez madame de Nucingen.

Goriot, ou la paternité

■■■■■ LA PATERNITÉ COMME PASSION

Goriot, c'est avant tout l'homme d'un amour, l'amour paternel, un de ces personnages qu'une passion folle et sans mesure isole, consume et détruit. Il a le regard absent, reste muré dans son silence, est sujet à des distractions. A ce souffre-douleur passif que les pensionnaires déclarent atteint de crétinisme, à cette « bête brute », on pourrait appliquer la remarque d'un personnage de *Autre étude de femme*, de Balzac : « L'amour unique et vrai [...] produit une sorte d'apathie corporelle en harmonie avec la contemplation dans laquelle on tombe. » Mais parlez-lui de ses filles et vous assiterez à une transformation étonnante : « Son visage étincelle comme un diamant », remarque Vautrin (p. 76), tandis que Rastignac reconnaîtra plus tard en lui à la fois un être poétique et un poète éloquent quand il le verra « illuminé par les feux de sa passion paternelle » (p. 182). Phénomène mystérieux et qui n'est pas rare chez Balzac, l'amour « exhale un fluide particulier qui modifie la physionomie, anime le geste, colore la voix » (p. 182). L'être est alors transporté dans un monde surhumain.

Au commencement du roman, les pensionnaires attribuent des vices au père Goriot et lui croient des liaisons honteuses. Ne connaissant rien de sa vie, ils se trompent évidemment sur l'objet de sa passion, mais en fait le mystère du début met en pleine lumière la vérité essentielle que le vieillard confessera sur son lit d'agonie : « Mes filles, c'était mon vice à moi; elles étaient mes maîtresses » (p. 345). Il existe en effet pour Balzac un aspect dégradant de l'amour, fût-il le plus légitime et le plus noble, quand il se transforme en une passion sans frein. Vautrin situe bien le personnage de Goriot dans la pitoyable famille des grands obsédés balzaciens : « Ils n'ont soif que d'une certaine eau prise à une certaine fontaine [...] Pour les uns, cette fontaine est le jeu, la Bourse, une collection de tableaux ou d'insectes, la musique; pour d'autres, c'est une femme qui sait leur cuisiner des friandises [...] Le père Goriot est un de ces gens-là » (p. 75-76).

Il y a effectivement quelque chose de malsain dans l'amour de Goriot pour ses filles. Pour elles, il se livre à tous les excès. Voyez-le avec Delphine, « Delphinette, Ninette, Dedel » (p. 277), il la caresse, se couche à ses pieds pour les lui baiser, la serre dans ses bras avec emportement, bref fait « des folies comme en aurait fait l'amant [...] le plus tendre » (p. 283). Il rêve de l'époque où ses filles n'étaient « encore à personne » pour jouir d'une paternité plus complète. Et il s'aveugle, le pauvre homme, et nie même l'évidence, en affirmant à qui veut l'entendre : « Je suis heureux père » (p. 164), ou bien : « [Elles] sont bonnes » (p. 165), ou encore : « Les deux sœurs se jalousent, voyez-vous ? c'est encore une preuve de leur tendresse » (p. 180).

Cette passion altère chez le père Goriot et le sens de la dignité et la conscience morale. Afin de voir ses filles et d'entendre parler d'elles, il accepte les démarches les plus humiliantes, écoute les confidences des femmes de chambre ou les interroge pour savoir tout ce qu'elles font, comme « un amant encore assez jeune pour être heureux d'un stratagème qui le met en communication avec sa maîtresse sans qu'elle puisse s'en douter » (p. 162). Pour le bonheur de Delphine, il se fait entremetteur, indiquant à Eugène où il peut la voir (p. 162), lui procurant une garçonnière qui facilitera leur liaison (voir p. 232, et : « Vous la rendrez bien heureuse, promettez-le-moi! Vous irez ce soir, n'est-ce pas ? », p. 236). Mais à l'égard des autres, son égoïsme est total et sans nuance. Rastignac lui apprend-il la machination contre le fils Taillefer ? « Qu'est-ce que cela vous fait ? » (p. 237). Vautrin est-il arrêté ? « Qu'est-ce que ça nous fait ? » (p. 274).

▰▰▰▰▰ PATERNITÉ ET SOCIÉTÉ

Sa faiblesse explique en partie l'échec du père Goriot et celui de ses filles. Car ce père passionné n'a pas été un bon père. Les paroles qu'il prononce sur son lit de mort constituent à la fois son examen de conscience et une nouvelle et terrible leçon qui s'adresse à Rastignac et au lecteur. Il n'a pas su guider ses filles, n'a pas réfléchi pour elles, n'a pas su empêcher leurs « déplorables mariages », et Delphine ne se fait pas faute de le harceler de mortels reproches (p. 295). Il a abdiqué non seulement ses droits mais ses devoirs de père.

Un père doit « tenir ses enfants en bride comme des chevaux sournois ». Il ne l'a pas fait. Sa bonté a corrompu ses filles, et lui-même par contrecoup. Il s'en rend compte trop tard : « Moi seul ai causé les désordres de mes filles, je les ai gâtées... Je leur ai toujours permis de satisfaire leurs fantaisies de jeunes filles. A quinze ans, elles avaient voiture ! » (p. 347). En leur abandonnant sans discernement son cœur et sa fortune, il les a perdues. Car faute d'une éducation forte, les sentiments naturels s'altèrent vite. A ce point les constatations désolées du pauvre vieillard rejoignent celles de Rastignac et par là son histoire se lie à celle du jeune homme : « Le monde n'est pas beau. J'ai vu cela, moi ! » (p. 344).

Il faut prendre au sérieux ce que crie le pauvre homme dans son délire : « La société, le monde roulent sur la paternité, tout croule si les enfants n'aiment pas leurs pères » (p. 346). C'est la pensée même de Balzac, pour qui la famille est « le véritable élément social » (Avant-propos de La Comédie humaine). On aperçoit mieux, alors, la portée du drame : le crime contre le père est un crime contre la société, mais les pères eux-mêmes en sont responsables si, par faiblesse ou par bêtise, ils laissent dégénérer l'amour paternel en passion, « élément destructeur » par excellence de toute société. Le drame familial débouche là encore sur un drame social.

LE MYTHE BALZACIEN DE LA PATERNITÉ

Il est un autre aspect de la paternité sur lequel nous devons maintenant insister, celui de la création. Rêvant de n'être rien pour que ses filles aient tout, mis à l'écart de la société et réduit à végéter dans un misérable galetas, le père Goriot ne vit pourtant que par elles. Ses pensées, ses sentiments et même ses sensations sont là où sont ses filles : « Ma vie, à moi, est dans mes deux filles » (p. 181). Il vit par procuration : « Je n'ai point froid si elles ont chaud » (p. 181). Par ce trait, il se rapproche de Vautrin, qui se plaît à lancer dans le monde et à les y voir évoluer ses jeunes et beaux protégés, enrichis par ses soins, animés dans l'ombre par son énergie. Le vieillard hébété de la pension Vauquer n'a pas la puissance de Vautrin mais, comme lui, il vit du bonheur et de la réussite de ceux qu'il aime, et surtout il accède par sa qualité de père à l'intelligence d'une réalité supérieure, qui le grandit : celle de Dieu comme créateur, « tout entier partout, puisque la création est sortie de lui » (p. 182).

Cette expérience, n'est-ce pas aussi celle du démiurge de *La Comédie humaine,* en concurrence avec l'état civil, se multipliant dans ses personnages, exténuant sa vie pour les faire vivre ? On voit qu'ici on atteint un des thèmes les plus profonds de la pensée et de l'inspiration balzaciennes. On ne saurait mieux conclure que par ces lignes de Gaétan Picon qui mettent bien en valeur l'importance du mythe et celle de notre roman dans l'économie générale de l'œuvre de Balzac : « Rien ne nous introduit plus avant dans le secret de l'œuvre balzacienne, et de sa jonction à la personnalité, que ce thème obsédant de la paternité charnelle ou spirituelle. *Le Père Goriot* est tout entier construit sur ce mythe, comme si le premier roman vraiment balzacien par la technique découvrait aussi le thème le plus profond. Paternité charnelle : les filles de Goriot vivent à sa place (et finalement le tuent); il les crée et les dirige dans l'existence comme Dieu dans l'univers. A quoi répond la paternité morale que Vautrin offre à Rastignac. » [1]

---

1. Encyclopédie de la Pléiade, Histoire des littératures, T. III, Gallimard.

4 Rastignac, ou l'ambition

■■■■ LE PORTE-PAROLE DU ROMANCIER

Toujours présent, présent partout, à la fois dans le grand monde et à la pension Vauquer, menant une enquête sur le vermicellier, surprenant les secrets des familles, au centre de toutes les intrigues, Rastignac est en effet le délégué du romancier dans son livre. L'écrivain omniscient qui connaît le monde et supplée doctement aux ignorances de ses lecteurs par ses retours en arrière, ses explications et ses commentaires, feint ici de ne tenir ses informations les plus intéressantes que de son jeune héros, de ne montrer que ce que celui-ci a pu voir. Le héros est pour Balzac, comme pour Vautrin dans la fiction et comme ses filles le sont pour Goriot, « le fils avec lequel il se dirige dans la création » (p. 218).

Nous retrouvons là le thème de la paternité. Car si Rastignac est un peu Balzac, il est aussi et surtout son fils, la Créature privilégiée sur laquelle se pose avec la sollicitude la plus attentive le regard de père du romancier [1].

---

1. Le personnage de Rastignac, en qui le romancier a sans doute mis un peu de lui-même (voir la chronique en tête du volume), est né avant *Le Père Goriot* puisqu'il est apparu pour la première fois en 1831 dans *La Peau de chagrin* : primitivement le jeune héros de notre roman devait s'appeler de Massiac. M. J. Pommier a montré (dans un article de la *Revue d'histoire littéraire de la France* de juin 1950, « *Naissance d'un héros : Rastignac* ») les différences entre le Rastignac de *La Peau de chagrin* et celui du *Père Goriot,* différences causées par le procédé du retour cyclique des personnages.

Un débutant

Balzac définit souvent son héros comme un Méridional. La jeunesse est un autre élémént déterminant de sa personnalité. Tout spontané, au moins au début, Rastignac confie à qui veut l'entendre ses moindres impressions. Le provincial en lui ne sait rien encore « des diverses étiquettes parisiennes » (p. 99) : Il appelle la vicomtesse « ma cousine », ignore les mœurs de la bonne société, et ne sait pas encore maîtriser ses réactions. Mais il a l'esprit vif et comprend assez vite les situations. Son instinct le sert et lui procure une alliée quand il défend sa cousine en prônant la sincérité.

Spirituel au besoin et sans être dupe de la rhétorique mondaine, il sait être beau parleur. Il a des réactions de jeune coq qui se dresse sur ses ergots; il veut tuer Maxime de Trailles ou se battre avec Vautrin lorsqu'il s'estime blessé dans son amour-propre. Mais ce ne sont qu'enfantillages. A-t-il vraiment le sens de l'honneur ? On ne peut lui retirer un certain courage, dû à la vivacité de ses sentiments. Il fallait oser faire front au terrible Vautrin, et il lui sera beaucoup pardonné pour avoir pris le vieux père Goriot sous sa protection, ou défendu Mme de Beauséant. Il est capable de comprendre et de pratiquer la générosité, il a des mouvements sincères, de franches indignations de jeune homme bien né, même quand il s'efforce de jouer au roué, l'éducation parisienne portant ses fruits. Car il est sensible. Il pleure sans honte, simplement, devant les deux grandes dames, lorsqu'il apprend l'histoire du père Goriot (p. 111); il a la délicatesse de mentir pour cacher au vieux père la dureté de ses filles et il jouera pieusement auprès de lui le rôle d'un fils aimant.

La conquête de la virilité

Une certaine pureté, certains traits encore indécis de son caractère, les grâces mêmes de sa figure trahissent en lui l'adolescent, en qui la vie n'a pas encore dégagé l'homme. Madame Couture trouve qu'il est « comme une jeune fille » (p. 244), remarque à laquelle Vautrin fait écho, bien entendu. Et le père Goriot, entraînant le jeune homme dans son nouvel appartement, déclare drôlement : « Nous vous avons eu des meubles comme pour une épousée » (p. 232). Ces images de la féminité sont abondamment employées par le romancier lui-même, qui compare son héros à une vierge (p. 165, 200) ou à une jeune coquette (p. 190, 205). Mais après l'entrée de Rastignac dans sa garçonnière, c'est-à-dire après son initiation à l'amour dans le luxe, les images féminines disparaissent (la dernière se trouve à la page 274). Le jeune homme semble alors faire preuve de beaucoup plus d'activité, d'énergie, d'esprit de décision qu'au début. La conquête de Delphine c'est aussi pour lui la conquête de la virilité.

▰▰▰ UN AMBITIEUX

L'appât du luxe

Eugène est doué d'une imagination ardente à laquelle tout ce qui brille donne l'essor. La richesse qu'il découvre l'éblouit d'autant mieux que la pension où il vit offre toujours le repoussoir de la misère aux splendeurs du Faubourg Saint-Germain (p. 118). C'est encore en enfant nourri de contes bleus qu'il réagit à l'éclat du luxe. Devant « les scintillements d'une richesse merveilleuse », il « croyait à la réalité des contes arabes » (p. 102); au théâtre, il « crut à quelque féérie » et « il marchait d'enchantements en enchantements » (p. 169-170). On a l'impression que pour cet être sensible au merveilleux la réussite doit tenir plus à la Grâce, à des « coups de baguette » magique (p. 91, 277), qu'à des efforts patients. Car il veut ardemment réussir. L'ambition est même le moteur essentiel de ses actes dès qu'il a éprouvé les premiers prestiges d'une grande position. Ambition profonde, irrésistible, qui le saisit comme un malaise : « Le démon du luxe le mordit au cœur, la fièvre du gain le prit, la soif de l'or lui sécha la gorge » (p. 103). Mais c'est là qu'il se montre petit. Rêve-t-il de s'illustrer par une grande œuvre, par des actions utiles, se donne-t-il « la grandeur d'un pays pour objet » ? Non. S'il veut réussir dans le monde, c'est avant tout pour se venger des mépris attachés à la pauvreté, pour jouir à son tour des rêves que donne l'argent. Et c'est surtout par les femmes qu'il pense y parvenir, en escomptant leurs amours.

La société lui offre-t-elle le moyen de concevoir des ambitions plus hautes ? Vautrin a répondu par la négative et ce que Rastignac observe confirme la justesse de l'analyse. L'argent est la seule valeur stable dans le monde de la Restauration et de la Monarchie de Juillet (car Eugène est autant un enfant de 1835 que de 1820).

L'amour au service de l'arrivisme

Ce désir de réussir par ces moyens-là altère le cœur et les sentiments. Trop occupé par ses calculs, tel Julien Sorel, Rastignac n'est qu'un piètre amoureux. On a beau nous le dire épris dès sa première rencontre avec madame de Nucingen, nous sommes sceptiques. Il a beau, un peu plus tard, se déclarer amoureux de Delphine, nous savons bien qu'il se trompe. S'il a voulu connaître la baronne, c'est parce qu'il se sentait humilié d'être sans femme, et surtout parce que la femme est un moyen de s'élever : « Avoir une maîtresse et une position quasi royale, se disait-il, c'est le signe de la puissance ! » (p. 172). Pas de rêveries, d'émotions douces. S'il va chez Delphine la première fois, c'est par curiosité, et s'il s'entête après les résistances qui découragent le nerveux qu'il est, c'est par orgueil, « comme un chasseur qui veut absolument tuer une perdrix à sa première fête de Saint-Hubert » (p. 212).

Pourtant Eugène se laisse attacher à Delphine. En vertu même de l'irritation qu'il éprouve quand elle lui résiste, et aussi parce qu'elle représente, dans son désarroi au moment de la mort de Michel Taillefer, dont il se sent complice, une « ancre de salut ». Pas assez roué pour être sans remords le séducteur d'une jeune héritière vers laquelle il s'était retourné par dépit et besoin d'argent, il cherche alors auprès de la baronne un refuge contre les « feux de l'enfer » – et croit voir dans l'amour qu'il veut lui porter la source d'une nouvelle pureté. Mais c'est encore affaire de volonté et de désir autant que de faiblesse. L'amour, il ne le ressentira qu'après la possession :

29

l'amour n'est peut-être que la reconnaissance du plaisir »
(p. 328). La conquête de Delphine, ce sera un peu aussi
pour lui la découverte d'un nouvel ordre de sentiments.

▰▰▰ LE DRAME DE L'AMBITIEUX CORROMPU

À la page 86, le narrateur attribue au jeune héros une
« ténacité méridionale ». Il faut croire que Rastignac ne fait
preuve de cette ténacité que dans les petites occasions,
car nous avons appris quelques pages plus haut qu'en
vertu de ce même « esprit éminemment méridional » d'où
doivent nécessairement découler toutes ses attitudes, « à
l'exécution, ses déterminations devaient donc être frap-
pées de ces hésitations qui saisissent les jeunes gens
quand ils se trouvent en pleine mer » (p. 57).

De fait, dans la conduite de sa vie, le jeune homme fait
preuve d'une déplorable mobilité d'esprit. Il sait très bien
ce qu'il veut, parvenir et acquérir des distinctions, mais il
reste constamment partagé sur les moyens (voir page
118). Trois épisodes illustrent de façon frappante cette disposition. Éprouve-t-il des remords à la lecture de la lettre
de sa mère, « il voulait renoncer au monde » (p. 134).
Mais à peine a-t-il lu celle de sa sœur que : « le monde
était à lui ! » (p. 138). Après la leçon de Vautrin : « Je veux
travailler jour et nuit, ne devoir ma fortune qu'à mon
labeur » (p. 161), décide-t-il. Un costume neuf a vite raison
de ses résolutions, aux pages suivantes : « En se voyant
bien mis [...] Rastignac oublia sa vertueuse résolution; »
De même, après la mort de Michel Taillefer et son examen de conscience, nous verrons le héros céder de nouveau à l'attrait du luxe et de la facilité, et accepter de
Delphine l'appartement qu'elle lui offre.

Cet enfant ambitieux, ce velléitaire soumis à toutes les
tentations et qu'Ajuda-Pinto – fin connaisseur ! – a jugé
« souple comme une anguille », est une proie toute dési-
gnée pour Paris qui corrompt irrémédiablement tous ceux
qui s'en approchent. Une fois franchi le premier pas dans
le monde, le héros est entraîné dans une suite de
défaillances, de compromis grands et petits, où il perd
à chaque fois un peu de sa pureté et de son intégrité
morale.

UN PERSONNAGE EN ÉVOLUTION

C'est encore un adolescent qui se cherche, avec ses élans, ses calculs, ses côtés d'ombre et de lumière, et ses mues rapides. Car il se transforme sous nos yeux et l'analyse nous fait sentir la fatalité de cette évolution, à laquelle la plupart des autres personnages contribuent. Madame de Beauséant l'initie aux mystères du grand monde; les leçons de Vautrin lui font découvrir les désordres de la société; Delphine de Nucingen, enfin, l'aide à franchir le « Rubicon parisien » et le dépouille de « sa peau d'homme de province » (p. 291). Son éducation s'achève, nous dit Balzac, après son dernier bal chez sa cousine. Quant au père Goriot, son agonie solitaire ôte à l'étudiant ses derniers scrupules. Toutes les intrigues se rejoignent, dirait-on, pour faire de ce livre, à travers Rastignac, *Un roman de l'éducation*. Quelle différence entre le jeune provincial du début, attaché aux douces émotions de la famille, et le personnage qui s'écrie : « A nous deux maintenant ! » A vrai dire, il ne s'agit plus du même homme.

Avec « sa dernière larme de jeune homme » (p. 367), qui répond aux pleurs versés par lui chez sa cousine (p. 111), il a enterré l'adolescent qu'il fut pour renaître autre.

Autre, c'est-à-dire plus dur et moins pur. Car s'il défie la société parisienne par ses paroles, il s'empresse d'aller dîner chez madame de Nucingen et de pactiser par là avec ceux dont il vient de reconnaître l'ignominie. Les leçons de Paris et de Vautrin ont porté : il ne s'agit pas de lutter pour détruire ou transformer la société mauvaise, mais simplement, par une corruption égale à la sienne, de s'y faire une belle position. Son défi dérisoire souligne bien l'influence corruptrice de la civilisation. À travers le roman, et par Rastignac, c'est un peu de la pensée de Rousseau qui s'exprime : l'homme est bon et heureux dans l'état de nature; c'est la civilisation qui le corrompt et ruine son bonheur primitif.

5 Vautrin, ou la révolte

██████ UN PERSONNAGE INQUIÉTANT

La première impression qui se dégage du portrait de Vautrin est celle de la force physique. Cette force se manifeste à la pension par une vitalité débordante, une « grosse gaieté », un entrain bon enfant et parfois goguenard. Toujours prêt à participer aux plaisanteries des pensionnaires – fût-ce aux dépens de père Goriot – Vautrin a l'allégresse d'un bon bourgeois heureux de tout connaître. Généreux, il ne lésine pas sur les pourboires, ni sur les glorias [1] qu'en bon vivant il prend après chaque repas. Il prête volontiers à qui se trouve dans le besoin, et Rastignac aura par deux fois à subir sa générosité. Il aime les spectacles et paraît avoir retenu toutes les scènes, tous les airs à la mode, par lesquels il commente ironiquement l'action et parfois la devance, de sa voix de basse-taille.

Pourtant son portrait (p. 37-39), construit presque entièrement sur des oppositions, produit une « impression douteuse », que les pensionnaires, superficiels ou indifférents et qui voient en lui un brave homme, ne ressentent pas, mais qui n'échappe pas au lecteur. En lui se combinent souplesse et dureté, bonhomie et résolution, complaisance et cynisme. C'est qu'à la force corporelle sont liées une inquiétante force de caractère et une énergie hors du commun, que le regard trahit. Ce regard de Vautrin est le trait le plus souvent mentionné parce que le plus remar-

---

1. Café mélangé d'eau-de-vie.

quable. Qu'il mette Victorine mal à l'aise (p. 246) ou qu'il remue en Rastignac « quelques cordes mauvaises » (p. 261), il révèle les autres à eux-mêmes autant qu'il laisse pressentir sa personnalité. Sa puissance est faite d'un mélange de volonté concentrée et de hardiesse, qui explique son magnétisme.

▰▰▰▰ UN TENTATEUR

Une aussi forte personnalité ne pouvait que heurter le jeune Méridional de la pension Vauquer. A travers ses rapports avec Eugène de Rastignac, le tempérament de Vautrin se révèle pleinement. Instinct d'initiateur, volonté de déniaiser ou de corrompre, Vautrin paraît prendre plaisir dès le début à briser tous les élans du jeune homme et à refroidir ses enthousiasmes. Que l'étudiant après son premier bal parle avec ferveur de Mme de Restaud, il lui débite son premier discours sur l'infamie des Parisiennes (p. 73-74); que Rastignac se montre plein de confiance en lui-même pour avoir reçu des lettres de sa famille, il lui lance un coup d'œil qui le cingle « comme d'un coup de fouet » et fait tourner court le poème de la jeunesse (p. 140). De même, quand Eugène avoue avoir été heureux au théâtre, Vautrin réplique d'une phrase qui réduit son bonheur à des « demi-plaisirs » (p. 185); et le débutant comblé qui a goûté au bal « les charmes d'un brillant début » se voit dégrisé d'un coup par une liste de frais des plus décourageante (p. 206-207). En intervenant toujours au bon moment, Vautrin prépare l'étudiant à écouter sa grande leçon d'arrivisme. En continuant à le harceler, il entend bien en imprimer la substance dans l'esprit de son élève et l'amener, sans paraître le forcer, à l'étape des travaux pratiques...

En fait, qu'il le veuille ou non, Rastignac pense constamment aux paroles du tentateur, soit pour les repousser, soit pour en admettre la justesse. « Il se souvenait des épouvantables réflexions de Vautrin » (p. 87), pourrait être le leitmotiv attaché au héros.

En s'insinuant dans une âme par la puissance du verbe pour révéler le mal et forcer à le commettre, Vautrin est bien cet être diabolique que le vocabulaire de Balzac traduit (« tentateur », « démon », « infernal génie »).

■■■■■■ UN HOMOSEXUEL

On pourrait croire ce « féroce logicien », ce railleur impénitent, uniquement préoccupé de calculs. Il n'en est rien. Vautrin n'est pas un monstre froid. Il aime « le beau partout où il se trouve » et même si l'on sent qu'il n'est pas loin de considérer l'assassinat comme un des beaux-arts, il est réellement sensible. Il se proclame poète en actions et en sentiments et, à lire le texte de ses leçons, il ne fait pas de doute qu'il l'est également en paroles. Mais cet homme qui prétend ne vivre « que par les sentiments » (p. 218) se défie de la sentimentalité.

C'est que pour lui il n'existe plus « qu'un seul sentiment réel, une amitié d'homme à homme » (p. 218). Cet être éminemment viril et qui plaît aux femmes, et pas seulement à madame Vauquer, ne s'interesse qu'aux beaux jeunes gens. Hors-la-loi par vocation et par réflexion, cet amour interdit accentue sa différence. D'où l'intérêt qu'il porte au jeune étudiant de la pension, dont les causes profondes se dévoilent progressivement au fil du récit, sans que Rastignac donne jamais l'impression de vouloir trop les connaître. D'où une part du mystère de sa personnalité et ces changements soudains dans ses manières, de l'hostilité au ton protecteur (p. 145), de la rudesse à la grâce (p. 265), de la brusquerie à la douceur (p. 268), qui annoncent si fort le Charlus d'À la Recherche du temps perdu de Marcel Proust.

Souvent paternel, Vautrin aime un peu, nous l'avons vu, comme le père Goriot (c'est lui-même qui fait le rapprochement, à la page 218). Mais son amour, « immenses abîmes (...) vastes sentiments concentrés que les niais appellent des vices » (p. 216), n'est pas une faiblesse, n'est pas un élément autodestructeur. Ce n'est pas l'expansion, la dépense étourdie de Goriot, c'est la concentration de l'homme toujours maître de soi.

■■■■■■ UN RÉVOLTÉ

Le verdict que rend Vautrin sur la société est accablant et sans appel. Il se prétend l'élève de Jean-Jacques Rousseau et la méditation l'a convaincu que l'ordre apparent de la société cache un désordre bien réel. Pour lui, la société est « gangrenée » (p. 265), « le siècle est mou » (p. 217). À ses yeux, la corruption domine les corps de l'État, comme les familles et les individus. Le crime est partout, élégant dans les hautes sphères, crapuleux et sanglant dans les bas-fonds. La morale d'une action ne se juge pas à l'acte lui-même, mais à la réussite et à l'aptitude à déguiser le forfait sous de belles apparences. Hypocrisie vaut vertu : « Le secret des grandes fortunes sans cause apparente est un crime oublié, parce qu'il a été proprement fait » (p. 160). Nucingen et Taillefer dont on nous dit la richesse et les vilenies apportent, dans le roman, une confirmation éclatante aux théories de Vautrin.

Si les fondements de la morale sociale et religieuse sont ébranlés dans les individus, la faute en incombe selon lui aux nations elles-mêmes, qui donnent l'exemple de l'instabilité par leurs fréquents changements de régime : « L'homme n'est pas tenu d'être plus sage que toute une nation » (p. 158). On croirait entendre un légitimiste[1] chagrin dans cette critique du changement, et dans sa négation de tout progrès moral ou social de l'humanité (p. 153). De fait, en dépit des passages du roman où il paraît contester la justice de classe en évoquant le magistrat qui condamne de « pauvres diables », ce moraliste subversif qui pose l'équation : vertu égale bêtise puisqu'elle égale misère, n'a rien d'un libéral et encore moins d'un révolutionnaire soucieux du bonheur des hommes. Les hommes, Vautrin les méprise. Parce qu'ils courbent la tête sans murmurer, ceux qui « font la besogne sans jamais être récompensés de leur travaux » (p. 152-153) sont pour lui les « savates du Bon Dieu ». Le peuple des criminels lui semble plus intéressant. Par leurs actes, les hors-la-loi ont au moins osé transgresser un code inique. Mais Vautrin ne va pas plus loin que la révolte. S'il s'attache à démontrer l'injustice de la société et de ses lois, il ne propose guère de réformes. Il ne veut pas déchirer le réseau du Code mais simplement passer à travers les mailles (p. 160). Sa conclusion est finalement aussi égoïste, brutale et dépourvue de moralité que la société à laquelle il s'oppose : « Il

_____

1. Partisan de la branche aînée des Bourbons, détrônée en 1830, et considérée comme seule légitime.

n'y a pas de principes, il n'y a que des événements; il n'y a pas de lois, il n'y a que des circonstances : l'homme supérieur épouse les événements et les circonstances pour les conduire » (p. 158).

■■■■■ LE MYTHE ROMANTIQUE DE SATAN

« Je suis tout », proclame-t-il (p. 255). Comment lui, démon, n'éprouverait-il pas le désir de s'égaler à Dieu ou au moins de « le faire vouloir », de jouer « le rôle de la Providence » (p. 157) qui rétablirait la justice par des voies bien cachées, et assurément peu catholiques ? La scène des pages 246 et 247 où Vautrin commente pour Mme Couture le tableau formé par Rastignac endormi sur l'épaule de Victorine, montre bien par sa richesse quel cynisme accompagne la volonté de puissance qui l'anime et l'étonnante plasticité de son personnage. Tour à tour amant et père, il y joue en paroles (à tous les sens du mot) Dieu et la Providence. L'honnête homme s'improvise chiromancien pour prédire un avenir dont il est l'instrument, avant de revêtir la dignité d'un homme de Dieu bénissant ses protégés. À travers ce dernier trait on dirait que Vautrin, qui n'est autre que le forçat Jacques Collin, répète un rôle qu'il interprétera plus tard à merveille lorsqu'il reparaîtra sous l'identité de l'abbé Carlos Herrera dans *Illusions perdues* et dans *Splendeurs et misères des courtisanes*. Par sa mobilité, son goût du théâtre et par certaines de ses remarques, le Vautrin du *Père Goriot* ressemble à un avatar du *Neveu de Rameau* dans le roman de Diderot.

Mais Balzac donne une autre dimension à son personnage, qui finit par n'être plus simplement un homme, mais un type, et un type auquel des images comme celles du lion ou du volcan humain confèrent une sorte de grandeur épique. L'homme aux mains « marquées aux phalanges par des bouquets de poils touffus et d'un roux ardent » (p. 37), l'insurgé au regard d' « archange déchu qui veut toujours la guerre » (p. 265), paraît alors rejoindre la cohorte des héros de la si riche imagerie romantique sur le thème de Satan. Le poète de la révolte devient alors lui-même « un poème infernal » (p. 265), en accord avec la vision infernale du Paris balzacien.

6 **Les personnages secondaires**

La pension Vauquer est un petit monde sinistre où règne « une misère sans poésie » et qui tient à la fois de « l'hospice libre » et de la prison perpétuelle pour les hôtes qu'elle abrite.

▰▰▰▰ MADAME VAUQUER

Grasse, mal soignée, geignarde, l'œil vitreux, la veuve Vauquer paraît être le produit monstrueux d'une vie confinée dans les calculs mesquins, les odeurs de cuisine et l'atmosphère fétide de la salle à manger. Un chat la précède; c'est un rat qu'elle évoque. Depuis quarante ans qu'elle tient la pension, elle a réussi à amasser une petite fortune mais elle n'en est pas moins âpre au gain; elle mesure le pain comme ses sourires, en commerçante avisée qu'inspire seul un égoïsme féroce. La vue des écus la ravit.

Tare capitale aux yeux de Balzac, son esprit rétréci lui interdit de sortir du cercle des événements et d'en « juger les causes ». Elle attribue au départ d'un pensionnaire (p. 284 *sqq.*) la même importance qu'à la chute d'un empire et impute à crime à la Michonneau de l'avoir quittée pour une concurrente. Mais le léger élément de burlesque qu'elle introduit par ses plaintes est également instructif. Il nous avertit que pour un individu attaqué dans ses intérêts comme pour l'historien des mœurs qu'est Balzac, un drame domestique peut avoir autant d'importance qu'un grand événement historique.

■■■ MADEMOISELLE MICHONNEAU

« Cette vieille fille blanche me fait l'effet de ces longs vers qui finissent par ronger une poutre » (p. 81). Le perspicace Bianchon exprime là en quelques mots la menace que constitue la Michonneau, avec son physique ingrat et son regard qui donne froid. Quel crime a-t-elle commis qui permette à Vautrin de dire qu'il pourrait lui « faire scier le cou » ? (p. 266). Elle parle peu, ne se confie pas, sans émotions apparentes mais terriblement attentive à tout ce qui se passe et peut-être surtout aux mystères de l'amour. Vautrin fait passer sur sa figure un « air intelligent » quand il évoque les « hommes à passions » et elle a pour parler de Victorine Taillefer ce mot étonnant, ce mot de théâtre qui en dit long : « Elle est coupable d'aimer M. Eugène de Rastignac » (p. 229).

Fine au demeurant, d'une finesse toute tournée vers le mal, elle est parfaitement immorale. La conscience n'a de prix pour elle que parce qu'elle est monnayable. Et elle est prête à la vendre au plus offrant. Elle n'a pas d'honneur et ne comprend pas ce sentiment-là chez les autres. Les forçats en ont plus qu'elle, qui font confiance à Jacques Collin, alias Vautrin, pour la gestion de leur caisse. Cette caisse l'obsède. En essayant de se l'approprier, elle donne la mesure de son caractère. Elle est infâme.

■■■ POIRET

Poiret est le mâle de la Michonneau. On ne voit jamais l'un sans l'autre. Il l'accompagne dans toutes ses promenades et la suit même quand on la chasse de la pension. C'est son double soumis, mais dans le genre honnête : il appartient à « la grande famille des niais ». Par quoi peut-il durablement intéresser la vieille fille, qu'il agace visiblement ? Il n'a aucune idée originale, aucune personnalité. C'est une mécanique qui se contente de répéter les dernières paroles qui frappent son oreille, un « idémiste » (p. 72). Son personnage appartient au monde de Daumier autant qu'à celui de Henri Monnier [1]. Tout est flasque et

---

1. Honoré Daumier : peintre, dessinateur, graveur (1808-1879). Ses caricatures (à partir de 1830) l'ont rendu célèbre.
Henri Monnier : écrivain et dessinateur (1799-1877). Auteur de *Scènes populaires* (1830), il a beaucoup influencé Balzac.

flétri en lui, de ses jambes qui flageolent à son jabot recroquevillé sur son cou de dindon. Balzac nous indique d'où vient sa déchéance : Poiret est le type de l'employé brisé par l'administration : « système qui étouffe la conscience, annihile un homme et finit (...) par l'adapter comme une vis ou un écrou à la machine gouvernementale » (p. 221-222).

Ce personnage nuance de son ombre grise le tableau des figures plus saillantes. Il introduit dans le roman ce « grotesque triste » si cher plus tard à Flaubert. A cet égard, la conversation avec Gondureau (p. 220 *sqq.*) et surtout les deux beaux morceaux de dialogue des pages 228 et 229 sont des réussites. Où trouver rire plus désolant et parfois plus subversif (car c'est l'honnête homme qui parle par sa bouche), inepties plus absurdes, quiproquos d'un plus sûr effet que dans ces quelques pages que le spectacle de l'imbécilité a inspirées au génie comique de Balzac ?

■■■■ LES PENSIONNAIRES

Comme individus, la fonction des pensionnaires dans l'intrigue est assez réduite. Victorine représente une tentation pour Rastignac, avant de disparaître; la Michonneau et Poiret sont les instruments de la chute de Vautrin et sont chassés après avoir rempli leur rôle; Bianchon est la conscience de son ami sans être vraiment le conseiller. C'est en groupe qu'ils ont une importance dans le roman.

Ils font alterner à de certains moments la détente d'une scène de comédie à la tension vécue par les protagonistes. Par eux le grotesque se mêle parfois au sublime et au tragique. Réunis régulièrement pour le déjeuner et le dîner, ils animent de leurs lazzis bruyants et de leurs commentaires sur les personnages principaux, à la façon d'un chœur dérisoire, les pauses de l'action que constituent les repas. Et surtout, ils agissent comme repoussoirs, ils offrent à Rastignac l'image abominable de ce qu'il doit fuir, éviter à tout prix (voir p. 118).

Vieux ou jeunes, et mis à part Bianchon et Victorine, ils sont indifférents ou méfiants à l'égard de tout et de tous. Que Vautrin soit arrêté ou que meure le père Goriot, leur attitude est la même, celle de l'indifférence et de l'égoïsme total. Rien ne les émeut plus. La civilisation les a usés, corrompus, réduits à l'état d'objets de rebut; « faces froides, dures, effacées comme celles des écus démonétisés » (p. 32). Poiret n'est-il pas le symbole parfait de la nullité et de ces « membres flasques d'une société gangrenée » (p. 265) stigmatisés par Vautrin; la Michonneau n'a-t-elle pas plus d'infamie dans le cœur que les forçats n'en ont sur l'épaule ? Ces « éléments d'une société complète » témoignent des ravages de la civilisation sur la société tout entière; ils représentent l'un des pôles de la corruption, le plus bas, l'autre se trouvant chez les grands. Ce sont les damnés de l'Enfer parisien.

▰▰▰▰ QUELQUES MARGINAUX

L'évocation ne serait cependant pas complète si l'on ne mentionnait ces autres victimes, parfois évoquées d'une seule ligne, que sont les survivants de la Révolution et de l'Empire, ces laissés-pour-compte de la Restauration et pour qui Paris est un refuge ou un terrain de chasse. Le père Goriot, ancien président de sa section et « vieux 93 », n'est pas en effet le seul à rappeler une époque révolue et un changement brutal de fortune. Mme Couture était la veuve d'un ancien commissaire-ordonnateur des armées de la République et elle a sans doute connu des jours meilleurs. Au moins a-t-elle pour vivre une modeste pension. La baronne de Vaumerland et la veuve du colonel comte Picquoiseau (p. 44) attendent encore, pour leur part, que les bureaux de la guerre leur accordent la leur. Quant au vieillard qu'Eugène rencontre dans la maison de jeux et qui, « dans le dernier besoin », livre ses cheveux blancs au déshonneur en vendant des tuyaux aux joueurs inexpérimentés, Balzac n'en a sans doute pas fait sans intention un « ancien préfet de Napoléon » (p. 197). Par lui, c'est, une fois encore, tout un fond d'histoire qui se laisse deviner à l'arrière-plan, dont nous sentons dans l'ombre les drames, avec leurs conséquences sur les individus.

7 Paris dans Le Père Goriot

▪ IMAGES DE PARIS

Centre des affaires, foyer de la vie politique et sociale, Paris constituait un champ d'observation privilégié pour un romancier toujours plus soucieux de montrer et d'expliquer les rouages de la société de son temps. *Ferragus* et *La Fille aux yeux d'or* avaient évoqué, déjà, un Paris infernal « qui peut-être un jour aurait son Dante » *Le Père Goriot* approfondit l'enquête et enrichit le tableau. Un tableau d'où, pourtant, toute notation pittoresque est bannie.

Un seul quartier est décrit assez longuement au début du livre : celui de la rue Neuve-Sainte-Geneviève (voir le plan, p. 44). Mais c'est un quartier désert, morne et misérable; et en fait de couleurs locales, ce sont les « tons jaunes », les « teintes sévères » et les « couleurs brunes » qui dominent et plus pour préparer le lecteur à l'intelligence du récit que pour lui offrir les images plus ou moins séduisantes d'un livre d'images romantiques. Parcourir les rues sombres et serrées entre Quartier latin et Faubourg Saint-Marceau, c'est un peu comme descendre aux Catacombes (p. 23). Quel lieu conviendrait mieux, en effet, que celui-ci aux « cœurs desséchés » et aux « crânes vides » qui s'y sont arrêtés? L'évocation macabre qui ouvre le livre trouve son pendant aux dernières pages, dans l'évocation du Père-Lachaise, pour l'enterrement du père Goriot. Mais alors que la pension se cache presque au fond de « l'illustre vallée de plâtras », du cimetière l'étudiant domine tout Paris. La trajectoire ainsi décrite par Rastignac figurerait-elle son ascension sociale, ou une retraite sur les hauteurs comme le conseillait la duchesse de Langeais (p. 114) ? Ni l'une ni l'autre mais bien plutôt son accession à un regard plus lucide, plus cynique aussi, qui peut désormais tout voir avant la plongée définitive dans l'univers fangeux de la société.

Le penchant de Balzac à négliger le réalisme pittoresque pour mieux dégager le caractère pour ainsi dire moral de Paris se manifeste encore dans le choix des comparaisons qui définissent la Ville. D'une part, parce qu'elle offre à l'explorateur un champ d'investigation immense, la capitale est considérée tantôt comme un « océan » (p. 34), tantôt comme une « savane » (p. 121). Le mot « océan » attire tout un faisceau d'images. Celle, d'abord, du jeune hésitant ballotté par ses désirs comme par les vagues du large. Puis, quand se superpose le thème de la lutte pour parvenir, l'évocation du corsaire surgit (p. 124); et c'est tout naturellement que le premier contact avec les Nucingen est considéré comme un « abordage » (p. 125). D'autre part, Paris est une « savane » (p. 121) ou « une forêt du Nouveau-Monde (p. 156). Par cette assimilation frappante de la réalité parisienne à l'univers des romans de Fenimore Cooper, Balzac fait craquer le vernis sous lequel un monde qui se dit civilisé dissimule ce qu'il a de cruel, de dangereux et de brutalement primitif.

Enfin, Paris est aussi comparé à une prostituée (p. 157) pour son goût du plaisir et son immoralisme. Paris, en fait – et Balzac insiste bien sur ce point, représente un monde nouveau, particulier, avec ses lois et ses mœurs bien à lui. Paris est un enfer. C'est l'Enfer d'une civilisation où toutes les valeurs sont bafouées parce qu'on n'y reconnaît plus d'autres maîtres que l'argent et le plaisir.

▬▬▬ PARIS ET LA PROVINCE

Mais cette image de Paris ne prend vraiment tout son sens que si on l'oppose, comme le fait constamment Balzac dans son roman, à l'image de la province. Cette opposition fondamentale se manifeste à travers le personnage de Rastignac. La province et le milieu familial où le jeune héros a passé ses premières années, représentent pour lui un idéal de pureté, de bonheur et de vraie noblesse. Là est le refuge de « la vie heureuse que mène le vrai gentilhomme de son château » (p. 290); là se sont développées les « pures émotions » d'une vie calme et le rêve d' « un bonheur plein, continu, sans angoisses » (p. 327). Ces évocations idylliques contrastent très nettement, on le voit, avec celles de l'enfer parisien. Cependant le tableau ne serait pas vrai historiquement et sociologiquement s'il n'y avait une ombre. Dans la France de la Restauration, en effet, les revenus d'une exploitation agricole traditionnelle, comme le vignoble des Rastignac, sont assez précaires. A travers les réflexions du jeune homme (p. 57), les lettres de sa mère et de sa sœur (p. 131, 134) et les boutades de Vautrin (p. 147-148), on imagine aisément une vie provinciale non toujours dénuée de charme, certes, mais aussi bien étroite.

C'est cette situation de la province qui explique qu'en dépit de son caractère odieux la capitale ait constitué pour tant de jeunes hommes pauvres un puissant foyer d'attraction et que Rastignac, comme bien d'autres provinciaux de *La Comédie humaine*[1], ait tenu, malgré tout, à tenter sa chance à Paris. Et c'est justement dans la comparaison qu'il établit entre la pauvreté à laquelle la province condamne les siens et le luxe qu'il observe à Paris, que se trouve le germe de son ambition : « L'aspect de cette constante détresse qui lui était généreusement cachée, la comparaison qu'il fut forcé d'établir entre ses sœurs, qui lui semblaient si belles dans son enfance, et les femmes de Paris, qui lui avaient réalisé le type d'une beauté rêvée, l'avenir incertain de cette nombreuse famille qui reposait sur lui, la parcimonieuse attention avec laquelle il vit serrer les minces productions, la boisson faite pour sa famille avec les marcs de pressoir, enfin une foule de circonstances inutiles à consigner ici, décuplèrent son désir de parvenir et lui donnèrent soif des distinctions » (p. 57).

▬▬▬ LES BEAUX QUARTIERS

Par un contraste aussi important que celui qui oppose Paris à la province, puisqu'il développe lui aussi le sentiment de l'ambition chez Rastignac, la richesse des beaux quartiers forme une antithèse vigoureuse avec l'univers sordide de la pension Vauquer. Mais dans ce Paris de la bonne société, deux mondes encore s'affrontent : celui du faubourg Saint-Germain et celui de la Chaussée-d'Antin.

Le premier, dans la plaine de Grenelle, autour de Saint-Thomas d'Aquin, est le fief de la vieille noblesse riche et

---

1. Voir la Préface du *Cabinet des antiques*.

élégante. Les grandes familles de *La Comédie humaine* y résident et parmi elles les Beauséant, dans « une de ces maisons où les grandeurs sociales sont héréditaires » (p. 168). La Chaussée-d'Antin, en revanche, est le quartier des banquiers et de la grande bourgeoisie d'affaires. Quartier nouveau, vivant, mais dont Balzac souligne impitoyablement, dans *Le Père Goriot,* tout ce qui le distingue du Noble Faubourg. À l'élégance personnelle et raffinée (voir pages 99 et 102) de l'hôtel de Beauséant répond en effet, chez madame de Restaud et madame de Nucingen, à la Chaussée-d'Antin, le gaspillage et « le luxe inintelligent du parvenu » (p. 118). L'étalage du mauvais goût

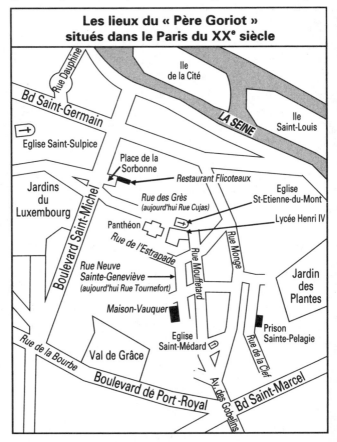

**Les lieux du « Père Goriot »
situés dans le Paris du XXe siècle**

n'échappe pas à Rastignac, rue Saint-Lazare, chez Delphine de Nucingen, « dans une de ces maisons légères, à colonnes minces, à portiques mesquins, qui constituent le *joli* à Paris, une véritable maison de banquier, pleine de recherches coûteuses, de stucs, de paliers d'escalier en mosaïque de marbre » (p. 192).

La juste analyse historique qui fait s'opposer dans *Le Père Goriot* les deux pôles de la vie politique et sociale à Paris sous la Restauration, s'enrichit encore d'un autre contraste, qui dévoile une évolution des mœurs et des rapports de forces : l'image de l'une des dernières grandes dames véritablement nobles du Faubourg Saint-Germain, *la déesse de l'Iliade* qu'est madame de Beauséant aux yeux de Rastignac (p. 331), contraste fortement en effet avec la figure de « la femme entretenue » (p. 118), de la Parisienne, voire de la courtisane (p. 201) qu'on rencontre à la Chaussée-d'Antin. Mais c'est la vicomtesse de Beauséant, et plus tard la duchesse de Langeais qui partiront pour l'exil. En dépit du mépris des grandes dames pour les nouveaux riches, c'est le Noble Faubourg qui est condamné à disparaître; le pouvoir de l'argent écrase les belles âmes et se moque des raffinements du goût.

Et pourtant, par une contradiction qui n'est qu'apparente, le faubourg Saint-Germain, s'il n'est plus tout-puissant, continue d'exercer son prestige et de proposer un modèle d'élégance à tout ce qui se veut de la bonne société : « A cette époque, la mode commençait à mettre au-dessus de toutes les femmes celles qui étaient admises dans la société du faubourg Saint-Germain, dites les dames du Petit-Château » (p. 189). Si bien que les oppositions que nous venons de distinguer n'ont pas seulement une valeur démonstrative ou polémique, elles ont aussi dans le roman une fonction dramatique : la grande ambition qu'a Delphine de Nucingen de se faire introduire dans les salons de la rue de Grenelle contribue à expliquer sa liaison avec Rastignac ainsi que sa rancune et la terrible rivalité qui la dresse contre sa sœur qui, elle, a été présentée (pp. 116, 189, 308)... C'est le propre des grands romanciers que de lier aussi intimement le tableau d'une ville à celui d'une société, le récit de destins individuels à l'analyse dramatique des mouvements profonds qui agitent des groupes humains, et de créer des personnages assez typés pour révéler par leur caractère et leur affrontement des phénomènes sociaux et historiques.

■■■■■■■ VICTORINE, OU L'OBÉISSANCE

Balzac semble avoir été longtemps hanté par la figure de la jeune fille pauvre. Dès les premières lignes du livre, le lecteur peut même imaginer qu'il en tirera le principal ressort dramatique de l'intrigue. Mais le narrateur ne tarde pas à placer le père Goriot au premier plan. Victorine Taillefer, la « pauvre jeune fille » de la pension, n'aura décidément qu'un rôle secondaire dans le roman.

Un rôle cependant non négligeable. Certes, son personnage d'orpheline déshéritée par un père millionnaire et abandonnée presque seule parmi les dangers de la grande ville a quelque chose de mélodramatique. Balzac est le premier à en convenir : « Son histoire eût fourni le sujet d'un livre » (p. 35). Mais Victorine n'en paraît pas moins nécessaire. Elle s'oppose fortement au milieu qui l'entoure et en fait ressortir la noirceur. On peut, certes, se demander s'il est bien convenable qu'une jeune fille vive dans un tel cadre, côtoie les gens qui s'y rassemblent, entende les conversations qui s'y tiennent. Vautrin (un comble !) s'en inquiétera un jour, courtoisement : « Madame Couture et Mademoiselle Victorine ne se formaliseront pas de vos discours badins » (p. 239). Il est vrai que, souvent absorbée par ses soucis, il lui arrive d'écouter à peine (p. 75) ou de ne participer que distraitement aux repas (p. 83-84), attirant alors l'attention de Goriot : cette jeune fille qui aime son père et n'en est pas aimée ne vit-elle pas un drame inversement symétrique de celui du pauvre homme ? Il est vrai aussi que la bonne madame Couture la chaperonne sévèrement, toujours prête à intervenir pour rappeler énergiquement les indiscrets au respect des convenances, qu'il s'agisse de Rastignac et de Vautrin : « Pas de mauvaises plaisanteries, messieurs »

(p. 214), ou de madame Vauquer : « Ma voisine, taisez-vous donc, vous dites des choses... » (p. 244). Mais la brave dévote laissera Vautrin bénir ironiquement l'union imaginaire de Rastignac et de Victorine, ayant reconnu en lui, sans doute, l'homme « plein de religion » (p. 248) : tant il est vrai qu'on peut être honnête et bête...

Menée à la messe tous les dimanches, confessée tous les quinze jours (p. 36), et privée de comédie (p. 242), Victorine subit une éducation religieuse plus qu'elle n'y participe. Il s'agit avant tout pour madame Couture « d'en faire à tout hasard une fille pieuse ». Religion tout utilitaire. « Les sentiments religieux offraient un avenir à cet enfant désavoué », commente ironiquement le narrateur (p. 36). Victorine est-elle vraiment pieuse ?

Elle ne manque pas, en tout cas, de fortes qualités. Entièrement désintéressée, elle place l'affection pour son père et l'honneur de sa mère au-dessus de « toutes les richesses du monde » (p. 71). Elle est réservée, même un peu effacée, et parle peu. Mais elle est capable de courage pour défendre éloquemment la mémoire de sa mère face à Taillefer (p. 79), ou en affrontant Vautrin pour la défense de Rastignac (p. 144).

Cependant, le trait de caractère qui rend Victorine la plus attachante et la plus vivante, c'est peut-être sa sensibilité féminine. L'éducation de madame Couture n'a pas altéré en elle l'instinct de l'amour. Avec naturel, avec naïveté, elle s'abandonne sans pruderie aux sentiments tendres que lui inspire le bel étudiant de la pension. On la sent ardente, cette jeune fille que ses regards trahissent en toute circonstance et qui se laisse courtiser dans le salon de la pension, un peu serrer la main, un peu presser la taille, un peu embrasser dans le cou (p. 231). Rastignac lui adresse-t-il une question un peu précise, son visage est transfiguré par une « vive explosion de sentiment » (p. 214); éprouve-t-elle le contact de l'étudiant endormi par Vautrin, « l'échange d'une jeune et pure chaleur » excite en elle « un tumultueux mouvement de volupté » (p. 245). Et elle ira jusqu'à embrasser, sur le front, Rastignac inconscient (comme l'avait fait, quelques instants auparavant, le forçat attendri par le beau jeune homme...).

Mais Victorine quitte la pension à la mort de son frère. Nous ne saurons pas comment elle a ressenti la fin malheureuse de son idylle avec l'étudiant. Nous savons seulement que, même si la mort de son frère lui assure une grande fortune, elle n'aura été que la victime de l'arrivisme du jeune homme. Mariée à Rastignac, aurait-elle été plus heureuse ?

■■■■■ MISÈRES DE LA VIE CONJUGALE

Le Père Goriot ne se présente pas précisément comme le tableau heureux d'une vie conjugale réussie. Toutes les femmes mariées du roman ont un amant, avec qui elles s'affichent plus ou moins. Il est vrai que les maris délaissent leurs épouses (M. de Langeais), ont des mœurs dépravées (M. de Nucingen), sont peut-être impuissants (M. de Restaud), ou les trompent (le baron entretient une danseuse et M. de Beauséant rejoint sa maîtresse quand sa femme se fait accompagner aux Italiens). Maris bien complaisants ou aveugles, du reste, tels M. de Restaud qui accueille chez lui un libertin notoire comme Maxime de Trailles, ou M. de Beauséant pour qui le savoir-vivre consiste à accepter la liaison de sa femme. Quant à Nucingen, toujours pratique, il monnaie sa complaisance, en vrai banquier : un amant contre une dot...

Mais les amants sont aussi décevants que les maris, Ajuda-Pinto quitte lâchement la vicomtesse de Beauséant pour épouser Berthe de Rochefide, Marsay, Delphine de Nucingen pour la princesse Galathione, tandis que Maxime de Trailles cause la ruine et le désespoir d'Anastasie de Restaud. Aucune femme n'est heureuse.

■■■■■ DU MARIAGE CONSIDÉRÉ COMME UN MARCHÉ

Qui, ou quoi, est responsable de cette lutte entre les hommes et les femmes ? Pourquoi l'institution du mariage et la cohésion de la famille sont-elles à ce point menacées dans cette société ? L'amour et le bonheur sont-ils incompatibles avec le mariage ? *Le Père Goriot* répond en partie à ces questions et, de ce point de vue, prolonge sur le mode dramatique les réflexions cyniques ou railleuses de *La Physiologie du mariage*.

Une remarque d'impose, tout d'abord : l'amour semble avoir peu de part aux unions. Seul M. de Restaud a été amoureux fou de sa femme; le moins qu'on puisse dire est qu'il n'est pas payé de retour et qu'il a bien changé. En fait, dans une société où le goût du luxe et l'âpreté des ambitions dominent, l'intérêt corrompt tous les rapports, à l'intérieur du mariage comme dans les liaisons extra-conjugales. Les hommes sont des corsaires, des chasseurs ou des pêcheurs de dot, pour qui une femme est avant tout une proie et un moyen de parvenir ou de s'enrichir. Maxime de Trailles exerce un chantage sur sa maîtresse pour lui faire payer ses dettes et Rastignac se lie avec Delphine pour se pousser dans le monde.

Sans dot, une jeune fille, même jolie, n'a aucune chance d'être remarquée (« Une belle fille a besoin de dot dans ce temps-ci », p. 71). Il est significatif que la question de la dot soit le ressort de l'intrigue qui rapproche un moment le jeune héros de Victorine Taillefer, et l'occasion d'un crime. Malheur aux femmes qui ne savent pas protéger cette dot par des documents en bonne et due forme et par une conduite irréprochable. La mère de Victorine, qui avait « une belle fortune », a été chassée par son mari sans pouvoir prétendre à rien (p. 78) faute d'avoir fait mentionner son apport dans le contrat (p. 248), et Delphine doit laisser sa dot à la disposition de Nucingen, qui l'investit dans ses frauduleuses opérations immobilières, pour n'avoir pas demandé compte assez tôt de sa fortune (p. 295). Vautrin a bien le mot qui convient lorsqu'il parle du mariage comme d'un « marché » (p. 155).

■■■■ MARIAGE ET ADULTÈRE

Marché dont les femmes sont les dupes, semble nous dire Balzac. Ignorant tout des réalités du monde, connaissant à peine le mari qu'on leur destine, les jeunes filles sont fort mal préparées à une union contractée pour la vie (d'autant que le divorce a été supprimé en 1816). Et leur désarroi s'aggrave quand leur mari – c'est le « drame du gendre » dénoncé et par la duchesse de Langeais et par le père Goriot – les enlève à l'affection de leurs parents et les prive brutalement d'appuis et de conseils. Bref, les femmes sont les victimes des lois et de la société. Tous les témoignages du roman concordent sur ce point, celui de la grande dame comme celui du forçat, celui du père humilié comme celui du jeune héros, bouleversé par le spectacle de « ce mélange de bons sentiments, qui rendent les femmes si grandes, et des fautes que la constitution actuelle de la société les force à commettre » (p. 200).

D'où, pour une part, l'immoralité profonde qui règne dans la bonne société présentée par Balzac. Aucune femme n'est vertueuse, mais aucune n'éprouve le moindre remords de sa conduite. Comment pourrait-il en être autrement? La société étant mal faite et les femmes n'étant pas responsables du destin qui leur est imposé par les hommes, la question du mariage et de l'adultère ne peut se poser en termes de morale. « En guerre avec leurs maris à propos de tout », selon le mot de Vautrin, elles n'ont de chances de trouver le bonheur que dans la révolte contre les lois. C'est la conviction partagée par tous les personnages du roman qui inspire à Goriot la réflexion naïve où s'exprime la revendication du bonheur de l'individu dressé contre l'opinion publique et la société : « Elle avait peur qu'on ne dît des bêtises, comme si le monde valait le bonheur ! » (p. 278). En fait, le problème du mariage est social et politique, et les cris déchirants du vieil homme sur son lit de mort résonnent comme un avertissement : « Pères, dites aux Chambres de faire une loi sur le mariage! » (p. 350).

9 La composition du Père Goriot

STRUCTURE ET TEMPORALITÉ

A maintes reprises Balzac parle de son *Père Goriot* comme d'un drame, voire d'une tragédie; il cite Shakespeare *(« All is true »)* et fait allusion à Molière et à bien d'autres dramaturges. De fait, le théâtre semble dominer tellement son esprit qu'on a l'impression qu'il inspire la structure de son livre et lui imprime certains caractères. On s'explique aisément par là que son roman ait tenté, pour la scène ou pour l'écran, d'assez nombreux adaptateurs.

Dressons, à partir du résumé (voir pages 11 et suivantes), un schéma simplifié de l'action :

Divisions	Structure	Durée
1re partie (p. 21-130)	*Exposition de la tragédie*	Une dizaine de jours (fin novembre - début décembre)
2e partie (p. 131-219)	*Préparation psychologique.* ↓ Crise	A peu près deux mois (de la 1re semaine de décembre à ↓ la fin janvier)
3e partie (p. 220-293)	*Premier dénouement* Arrestation de Vautrin. Sortie définitive de 5 personnages.	3 jours, vers la mi-février.
4e partie (p. 294-367)	*Second dénouement* Mort de Goriot.	5 jours, du 17 au 21 février.

Quelques constatations s'imposent :

1. Le drame a, en quelque sorte, deux dénouements : l'un à la fin de la troisième partie, où le héros retrouve et sa tranquillité (arrestation de Vautrin, départ de Victorine) et la femme qu'il désirait (lettre de Delphine, garçonnière); l'autre dans la quatrième partie qui voit, après un rebondissement constitué par les visites des deux filles, l'issue du drame du père par la mort de Goriot et aussi le dénouement des graves crises familiales qui couvaient depuis le début chez les Nucingen et surtout chez les Restaud.

2. L'exposition et la préparation psychologique sont très longues. Elles occupent la presque totalité des deux premières parties, elles-mêmes les plus longues du livre.

3. La crise morale vécue par Rastignac a eu le temps de mûrir pendant une assez longue période sur laquelle nous avons peu de détails, mais elle éclate brutalement à la fin de la deuxième partie et se dénoue assez rapidement dans la troisième. On constate du reste, à partir de ce moment, une accélération rapide du rythme de l'action, qui se déroule en trois jours dans la troisième partie, en cinq dans la quatrième. Notons que Balzac a, volontairement ou non, commis une erreur dans sa chronologie : l'action de la partie *Trompe-la-Mort* ne devrait pas commencer « deux jours après » comme le dit l'auteur mais, si l'on tient compte des précisions de dates de la quatrième partie (voir page 319), environ quinze jours après. Cette erreur est significative, ajoutée à l'absence de temps mort entre les deux dernières sections. Elle témoigne du désir de donner au lecteur le sentiment d'une évolution rapide et inéluctable du drame vers sa catastrophe.

CONTRASTES ET RESSEMBLANCES

Les contrastes, moteurs de l'action

Nous avons vu, déjà, que le tableau des structures de la société se fonde sur des oppositions extrêmement fortes et très clairement indiquées. Nous avons constaté aussi que les constrastes ne sont pas seulement les instruments de l'analyse politique et sociale mais qu'ils peuvent être aussi les moteurs de l'action. Encore faut-il, dans ce cas, que les oppositions soient perçues par les personnages eux-mêmes. Un exemple concernant les premiers pas du jeune héros sur le champ de bataille parisien illustrera bien leur rôle.

Dans notre roman, ce qui frappe surtout Rastignac lorsqu'il rencontre Maxime de Trailles, c'est que les cheveux du dandy sont bien frisés alors qu'il trouve les siens « horribles ». C'est donc au niveau de l'élégance et du pouvoir de séduction que se situe l'opposition véritablement pertinente, parce que la comparaison provoque chez le personnage une réaction immédiate de haine et de jalousie qui s'exprime aussitôt par des projets et par des actes.

Rastignac ne pourra en effet retrouver sa sérénité qu'en faisant disparaître le constraste offensant pour son amour propre. Deux solutions s'offrent à lui : ou bien tuer son rival (p. 90, 118) ou bien l'imiter. Trop prudent pour se mesurer, dans sa situation, à un Maxime de Trailles, il fera tout pour lui ressembler. D'où sa lettre à sa famille et son désir de métamorphose (p. 138), pour aboutir, enfin revêtu de son premier beau costume, à son exclamation moliéresque, naïve et profonde à la fois : « Je vaux bien monsieur de Trailles (...). Enfin j'ai l'air d'un gentilhomme ! » (p. 161-162). Entre les deux hommes et sur le plan de l'élégance il n'y a plus alors d'opposition, donc de rivalité. Mais Rastignac a commencé à verser « du côté de l'injustice » (p. 163); en endossant la tenue de dandy, il s'apprête à devenir lui-même un roué. Le contraste, annulé aussitôt que perçu, aura vraiment été à l'origine du premier acte compromettant du héros.

Être et paraître

Pourtant, tous les contrastes ne sont pas perceptibles à tous. Il en est de cachés, que la tâche du romancier est de produire au grand jour. Prudence ou stratégie en effet, chacun s'avance masqué parmi les embûches du monde. D'où cette opposition entre l'être et le paraître qui s'exprime dans l'hypocrisie des manières d'une duchesse de Langeais ou d'un M. de Beauséant, ou dans la prudence d'un Vautrin qui voile sa double nature d'homosexuel et de forçat en rupture de ban sous l'habit d'un bon bourgeois.

Mais on ne prend pas le masque seulement par duplici-té. Le monde impose le secret aux drames les plus intimes, aux tares les plus profondes. C'est ainsi que Rastignac aperçoit en Delphine le contraste de la misère morale au sein de l'opulence (p. 175, 199) ou que le narra-teur voit les « *taenias* du remords » ronger la « vie exté-rieurement splendide » de son héros (p. 209). La révéla-tion des contrastes vise à démystifier une société fondée sur le mystère et sur le mensonge.

La « symphonie des ressemblances »

Cependant, faire contraster deux situations, c'est aussi les rapprocher et se donner le moyen d'atteindre, au-delà des oppositions contingentes, à des ressemblances essentielles entre les êtres et les situations. Ces ressem-blances, cette « symphonie des ressemblances », selon l'expression de Maurice Bardèche, on les retouve aussi dans les moindres réactions, les moindres mots des per-sonnages. La grande dame donne les mêmes leçons que le hors-la-loi (p. 160), la jeune fille exprime sa tendresse par le même geste que le forçat (p. 243, 249), le père au désespoir envisage froidement de commettre les mêmes méfaits qu'un Vautrin (p. 311). Pour Anastasie et pour Delphine, la passion est toute la vie, comme pour leur père. Et celui-ci trouve pour exprimer son sentiment les mêmes mots (« Ma vie, à moi, est dans mes deux filles », p. 181) que madame Vauquer pour défendre ses intérêts (« Mon établissement avant tout, c'est ma vie, à moi », p. 356). Le sublime rejoint le sordide.

Les êtres jeunes parfois se rapprochent dans un mouve-ment généreux identique. Victorine s'inquiète à la pensée d'un affrontement entre Vautrin et Eugène (p. 144), comme celui-ci à l'annonce du duel entre le frère de la jeune fille et le complice du forçat (p. 232). Mais la réaction des vieilles gens est la même : madame Couture se montre aussi égoïste (« Ces affaires-là ne nous regardent pas », p. 144) que le sera le père Goriot (« Qu'est-ce que cela vous fait ? », p. 237) à propos de duels. Même les scènes les plus opposées et qui s'enrichissent mutuellement de leurs contrastes révèlent une secrète ressemblance, comme celle du bal et de l'agonie de Goriot, non seulement par cer-tains traits du vocabulaire, mais surtout par leur signification profonde, dégagée par le héros : « Madame de Beauséant s'enfuit, celui-ci se meurt, dit-il. Les belles âmes ne peuvent pas rester longtemps en ce monde. Comment les grands sentiments s'allieraient-ils, en effet, à une société mesquine, petite, superficielle ? » (p. 339).

Chez Mme de Restaud	Chez Mme de Beauséant
P. 85 *Mépris des domestiques* « coup d'œil méprisant des gens » *Le héros comprend son infériorité* Il est à pied. *La voiture dans la cour* Un « cabriolet pimpant ».	**P. 98** *Mépris des domestiques* « rires étouffés ». *Le héros comprend son infériorité* Il n'a qu'un « équipage de mariée vulgaire ». *La voiture dans la cour* Un « élégant coupé ».
P. 86-87 *L'attente. L'appartement* Antichambre, débarras, salle à manger, salon.	**P. 99** *L'attente. L'appartement* Rastignac est introduit tout de suite mais n'adresse la parole à sa cousine qu'assez tard.
P. 88-89 *La dame et l'amant* M. de Trailles reste. Mais il est irrité par l'arrivée de Rastignac. **P. 90** *Phrase interrompue par...* Rastignac ne peut exprimer l'objet de sa visite. Suspens. *L'arrivée d'une autre personne* Le mari. **P. 91-92** *Présentation* « Coup de baguette » : il est admis.	**P. 101-102** *La dame et l'amant* Ajuda-Pinto est ravi de la diversion de l'entrée de Rastignac. Il s'empresse de gagner la porte.
P. 93 *Fausse sortie de l'amant* – ... « adieu. Il se sauva. – Restez donc, Maxime ! cria le comte. »	**P. 102** *Fausse sortie de l'amant* – « Adieu... – Mais à ce soir... Mme de Beauséant... le rappela près d'elle »

Chez Mme de Restaud	Chez Mme de Beauséant
P. 94 *Départ de l'amant* « A ce soir. » Mme de Restaud va à la fenêtre pour regarder Maxime partir.	**P. 103** *Départ de l'amant* Mme de Beauséant va à la fenêtre de la galerie pour regarder Ajuda partir. Billet. Dialogue avec Rastignac.
	P. 106 *Phrase interrompue par...* « J'ai parlé d'un père... ». Suspens. *L'arrivée d'une autre personne* La duchesse de Langeais.
	P. 107 *Présentation* Puis « épigrammes » et conversation.
P. 94 *« Le père Goriot »* Nouveau « coup de baguette ». Effet inverse du premier. Le mystère s'épaissit. Rastignac est rejeté.	**P. 110** *« Le père Goriot »* « Mme de Restaud est une demoiselle Goriot. » Tout s'éclaire. Leçon de Mme de Beauséant.
P. 97-98 *Rage du héros* « Rage sourde » contre lui-même, contre Goriot. Rastignac décide de s'attaquer à sa cousine.	**P. 117** *Rage du héros* « Il enrage, il menace du poing la société entière », pour le mépris dont elle abreuve les jeunes hommes.

■■■■■ SÉQUENCES PARALLÈLES

Au début du roman, Rastignac rend visite à madame de Restaud puis à madame de Beauséant. Les récits de ces deux premières sorties dans le monde se déroulent à peu près de la même façon. Le second reprend dans le même ordre des éléments du premier, légèrement modifiés. Une présentation du schéma de ces récits sur deux colonnes (ci-dessus et ci-contre) fera ressortir le surprenant parralélisme et les analogies des séquences narratives. Ces analogies sont évidemment voulues, et le narrateur par ses commentaires et par les réflexions qu'il prête à ce sujet au héros les met à maintes reprises en valeur afin que le lecteur en prenne rapidement conscience. C'est ainsi qu'il remarque, à la page 99 : « À la chaussée-d'Antin, madame de Restaud avait dans sa cour le fin cabriolet de l'homme de vingt-six ans. Au Faubourg Saint-Germain, attendait le luxe d'un grand seigneur, un équipage que trente mille francs n'auraient pas payé »; ou Balzac fait dire à Rastignac, page 99 : « Diantre ! ma cousine aura sans doute aussi son Maxime » (voir aussi p. 102).

La répétition est l'instrument de l'initiation du héros. Celui-ci doit faire des observations pleines de sens. Sur la conduite des deux dames, d'abord : l'une et l'autre ont un amant, qu'elles reçoivent aux mêmes heures, et l'une et l'autre offrent un spectacle quelque peu déroutant. À l'agitation, à l'extrême mobilité de madame de Restaud qui papillonne et va et vient d'une pièce à l'autre, répond le comportement de madame de Beauséant au départ d'Ajuda-Pinto, dont le présent du récit (« Tout à coup elle s'élance... », p. 103) accentue le caractère bizarre de ballet sans musique.

Analogies encore dans le mépris des domestiques, l'attente infligée au visiteur et les phrases interrompues : tous ces faits s'additionnent pour convaincre le héros qu'en dépit de son nom il n'a pas d'importance sociale, étant encore pauvre et inconnu. Il est significatif à cet égard que sa réaction soit la rage, après la première visite comme après la seconde, qui lui fut pourtant favorable.

Le parallélisme dans lequel entrent ces analogies évoque une espèce de jeu de miroir qui permettrait à Rastignac de s'observer, de s'éprouver pour tirer parti de ses réactions et progresser dans sa découverte de lui-même et du monde. Par la répétition, enfin, l'événement se dépouille de son caractère de phénomène fortuit, accidentel, singulier. Si d'une demeure à l'autre de la bonne société les habitants, les mœurs, les moindres gestes et jusqu'aux actes manqués se ressemblent, c'est qu'une loi – ou un code ? – doit dominer l'existence de ce monde.

Rastignac, en fait, a vite trouvé la réponse aux questions qu'il commençait de se poser (p. 118), et il l'exprime avec d'autant plus d'assurance qu'il s'est livré à des expériences répétées dont les conditions variaient légèrement, pour vérifier l'axiome de Vautrin : « Vautrin a raison, la fortune est la vertu ! » (p. 118). Ici, comparaison vaut raison, répétition vaut leçon : « Entre le boudoir bleu de madame de Restaud et le salon rose de madame de Beauséant, il avait fait trois années de ce *Droit parisien* dont on ne parle pas (...) » (p. 105-106).

■■■■■ DEUX JOURNÉES PARTICULIÈRES

Deux journées sont particulièrement importantes dans l'action du *Père Goriot* : La première, parce que les fils des intrigues commencent de s'y nouer; la seconde (l'arrestation de Vautrin) parce qu'elle fait date dans l'histoire de la pension et qu'à ce titre on nous la présente comme extraordinaire (p. 252). Dans les deux cas, le lieu de l'action est le même, la salle à manger; dans les deux cas, Balzac indique l'emploi du temps des pensionnaires avec un luxe de précisions horaires unique dans son livre. Il faut mettre en rapport ces deux journées pour leur donner tout leur sens et apprécier l'intelligence profonde qu'a le romancier de la mise en scène de ses créatures.

Étudions d'abord un point de détail révélateur, l'entrée et la sortie des personnages, au sens théâtral du terme. L'arrivée d'aucun pensionnaire ne peut passer inaperçue. Pour le matin de la première journée, en effet, chaque entrée est soulignée, dans l'histoire ou dans le récit, par un bruit, un refrain ou une locution qui ponctuent le texte et attirent l'attention. C'est ainsi que le timbre d'une sonnette annonce l'arrivée de Vautrin, qui entonne aussitôt son : « J'ai longtemps parcouru le monde ». Ce refrain, qui retentit trois fois, n'a pas seulement pour fonction de camper l'aventurier, il est aussi le leitmotiv de l'entrée des autres personnages. Nous le retrouvons page 70 avant l'apparition de madame Couture et de Victorine, et page 71 avant celle de Goriot, de Poiret et de mademoiselle Michonneau (soulignée, celle-ci, par un nouveau « En ce moment »). Ce qui est remarquable, c'est que le procédé se répète pour la sortie des personnages, le soir de la « journée extraordinaire ». Là, l'employé se subsitue à Vautrin pour accompagner de son « Partant pour la Syrie » le départ, entre la haie des pensionnaires, de la Michonneau et de Poiret. Un « En ce moment » annonce l'arrivée du commissionnaire précédant le départ définitif de madame Couture et de sa protégée. « Le roulement d'une voiture qui s'arrêtait retentit *tout à coup* » (p. 273) accompagne la venue de Goriot qui repart aussitôt en emmenant Rastignac. Par ces entrées et ces sorties théâtrales, il semble que Balzac imprime à son récit le rythme et les accélérations qui signalent les grands moments d'une action et en font percevoir les mouvements profonds.

D'une journée à l'autre nous retrouvons les mêmes personnages avec les mêmes réactions et, pourrait-on dire, les mêmes fonctions dramatiques ou les mêmes jeux de scène. À la première journée, les yeux de Victorine se fixaient « humides et brûlants » sur Vautrin, presque timidement sur Rastignac. Le jour extraordinaire, les mêmes protagonistes échangent des regards aussi éloquents, mais qui convergent, cette fois-ci, vers Rastignac : tout en pleurs ceux de la jeune fille, magnétiques ceux de Vautrin. Un accessoire, une lettre, envoyée à Anastasie par Goriot dans la première scène, accentue l'effet de convergence dans la deuxième : dans celle-ci, en effet, une autre lettre, mais de Delphine, apparaît, adressée à l'étudiant. Si celui-ci semble alors le point de mire des absents comme des présents, c'est qu'à ce moment toutes les intrigues aboutissent à lui. Les jeux de scène à eux seuls mettent cette situation en valeur, et l'opposition des deux journées en montre bien le sens.

Puissance et intelligence jamais en défaut de Vautrin : dans la première scène, celui-ci déclarait à madame Vauquer : « J'ai deviné »; dans la seconde, il proclame devant la même personne son admirable : « Je suis tout. » Inquiétudes paternelles de Goriot, en décembre à propos d'Anastasie, en février au sujet de Delphine que Rastignac pourrait trahir. Fascination dégoûtée de Bianchon par la Michonneau : le matin du premier jour, il exprimait le malaise que lui causait la vieille fille; le soir de l'arrestation, il est le premier à réclamer son départ. Voilà de beaux exemples de ces fidélités à un rôle qui dévoilent une personnalité et de belles illustrations de ce que les classiques appelaient « l'égalité des caractères »[1].

Mais ce qui lie encore mieux les deux scènes, ce sont les paroles et les actes qui de l'une à l'autre paraissent

---

1. Voir Boileau (*Art poétique,* chant III, vers 124 à 126) :
« D'un nouveau personnage inventez-vous l'idée ?
Qu'en tout avec soi-même il se montre d'accord,
Et qu'il soit jusqu'au bout tel qu'on l'a vu d'abord. »

trouver leur conclusion. Avec l'arrestation du hors-la-loi, deux énigmes reçoivent leur solution définitive, celle du quadragénaire (« Chacun comprit tout Vautrin »... p. 263), celle de la Michonneau qui a fini, comme le pressentait Bianchon, par « ronger une poutre » (« Cette figure [...] fut tout à coup expliquée »..., p. 269). Par le crime commis le matin même et dont il a été l'instigateur, Vautrin a tenu la promesse faite en termes sibyllins à madame Couture et à Victorine : « Je me mêlerai de vos affaires » (p. 71), et son arrestation enfin réalise la prophétie du pauvre Goriot, naguère en butte à ses plaisanteries : « Vous payerez cela bien cher quelque jour... » (p. 83). La fin de la troisième partie répond au début de la première comme la solution à l'énoncé du problème, la promesse tenue à la promesse faite, le châtiment à la faute, bref comme le dénouement à l'exposition.

■■■■■ DÉTAILS RÉVÉLATEURS

La quatrième partie est celle du dénouement final du *Père Goriot*. Ne nous étonnons donc pas de trouver de nouveau des correspondances entre des éléments du début du roman et de sa fin, comme nous en avons vu entre les scènes de la première journée et celle de la journée extraordinaire.

Une des plus révélatrices de l'art des préparations chez Balzac est peut-être celle qui a trait à un détail qui pourrait paraître insignifiant s'il n'était répété. À la page 62, la rêverie de Rastignac après son premier bal est interrompue par « un *han* de saint Joseph [qui] troubla le silence de la nuit, retentit au cœur du jeune homme de manière à le lui faire prendre pour le râle d'un moribond ». Le lecteur pressé mettra sur le compte d'une hallucination sans portée la perception du soupir comme d'un râle. Il aurait tort. Car s'il oubliait cet élément du récit, il ne percevrait pas comme un écho de la première la phrase de la page 358 où l'on nous dit que le père Goriot moribond, lorsqu'on lui remit son médaillon, « fit un *han* prolongé qui annonçait une satisfaction effrayante à voir ». Et il ne comprendrait pas que l'image du râle est à prendre comme l'annonce du drame final et le premier élément d'une progression qui s'achève avec ce soupir de joie et la mort du vieil homme.

On se souvient de la première visite de l'étudiant à l'hôtel de Restaud, en rapport avec la visite à madame de Beauséant. Dans la quatrième partie, le jeune homme se trouve de nouveau dans les mêmes lieux en présence du mari d'Anastasie, lors de ses démarches infructueuses chez les filles du mourant. Une particularité prend toute sa valeur si, en raison de la ressemblance formelle des situations, on rapproche les deux scènes. Dans la première, Restaud tisonnait le feu allumé dans la cheminée (p. 94); Dans la seconde, il reçoit l'étudiant dans un salon « où il n'y avait pas de feu » (p. 352). Entre les deux, un drame familial qui a ruiné un *Foyer,* éteint tout sentiment. Détail infime et cependant significatif donc, mais qui prendra plus de sens encore si on le met en rapport avec d'autres éléments du texte. Après le dernier bal, Rastignac rentre chez lui à pied, pour la troisième fois. Ce n'est plus « par un beau clair de lune » comme après sa soirée avec Delphine (p. 203), c'est « par un temps humide et froid » (p. 335). Au moment de cette promenade, on le sait, s'achève son éducation. Le héros se trouve alors en enfer, comme il le dit quelques lignes plus loin, et le temps froid, comme la disparition du feu chez Restaud, comme l'absence de chaleur dans la chambre de Goriot, prennent dans ce contexte une valeur de symbole. L'Enfer de Balzac est glacé, comme celui de Dante. Et l'on comprend que le romancier ait choisi de situer l'action de son œuvre en hiver, saison qui salit et qui glace, en harmonie avec l'évolution que subissent tous ses personnages.

10 Techniques romanesques

■ LE RETOUR DES PERSONNAGES

Une découverte géniale

Lorsqu'il assiste à son premier bal chez sa cousine, Rastignac rencontre les « illustres impertinents de l'époque » et les « femmes les plus élégantes » (p. 61). Par sa complaisance à dresser la liste de ces « déités parisiennes » dont beaucoup étaient déjà connues de ses lecteurs, Balzac mettait en valeur la découverte qu'il venait de faire (en 1833, selon sa sœur) et qu'il n'avait jamais exploitée avant *Le Père Goriot :* le retour systématique des personnages d'une œuvre à l'autre. A cet égard, notre roman est un jalon important dans l'histoire de *La Comédie humaine.*

« Un utile réservoir de personnages » [1]

L'œuvre de Balzac comprend plus de 2 000 acteurs. Parmi ceux-ci, le docteur Lotte a compté quelque 573 « personnages reparaissants », dont 260 apparaissent deux fois dans *La Comédie humaine,* 103 trois fois, etc. Le baron de Nucingen se multiplie : on le rencontre dans 31 romans, tandis qu'on voit Bianchon vingt-neuf fois au chevet d'un malade ou dans un salon et que son ami Rastignac le suit de près avec 25 apparitions. On aperçoit tout de suite un des avantages du procédé : il offre au romancier « un utile réservoir de personnages », déjà connus du lecteur comme de leur créateur. Connus, ils pèsent de tout le poids de leur personnalité dans les œuvres où ils apparaissent. C'est souvent leur passé qui oriente leur action et parfois l'action de toute une intrigue.

---

1. Expression de Maurice Bardèche.

De nouvelles
perspectives
romanesques

Balzac ne nous offre souvent d'un personnage ou d'une situation que des vues éparses et fragmentaires. A nous de reconstituer l'ensemble. Dans *Le Père Goriot,* au bal d'adieu de madame de Beauséant, Antoinette de Langeais dit à son amie : « Une même douleur a réuni nos âmes, et je ne sais qui de nous sera la plus malheureuse. Monsieur de Montriveau n'était pas ici ce soir, comprenez-vous ? » (p. 334). Certes, nous comprenons que le général, qui avait renseigné Eugène à son premier bal chez la vicomtesse, fait souffrir la duchesse en ne venant pas au second. Allons-nous rêver longtemps sur ces paroles ? Non, si nous ne connaissons pas *La Comédie humaine.* Oui, si nous avons lu *La Duchesse de Langeais.* Car cette nouvelle nous conte les amours de Montriveau et de la grande dame. Nous savons qu'après son enlèvement, la duchesse avait cherché à revoir le général en allant « dans toutes les maisons où elle espérait le rencontrer » et que « contrairement à ses habitudes, elle arrivait de bonne heure et se retirait tard ». C'est bien ce qu'elle fait dans *Le Père Goriot,* où elle est la dernière des invités, avec Rastignac, à venir saluer l'hôtesse. La scène de notre roman précise ou plutôt illustre les brèves indications de la nouvelle. Les deux œuvres ainsi se complètent, s'expliquent et s'enrichissent mutuellement, selon des points de vue différents.

Ainsi, de la rencontre de nos souvenirs de toute *La Comédie humaine* avec ce roman, avec chaque roman, peut naître cette impression de permanence dramatique du récit, de relief et de réalité dont Maurice Bardèche a bien parlé : « Les personnages de Balzac ont une sorte de relief perceptible qui est obtenu par la juxtaposition de plusieurs portraits du personnage pris à des époques différentes de sa vie. »

Principe de cohésion
et « mobile romanesque »

Les « personnages reparaissants » en circulant d'un livre à l'autre relient les romans entre eux. Le procédé assure ainsi plus de cohésion et d'unité à l'ensemble de l'œuvre et donne à la création balzacienne cet accent si frappant de monde autonome qui viendrait doubler le nôtre et lui faire concurrence.

Dans *La Comédie humaine,* chaque roman forme un tout en soi et la chronologie n'impose aucun ordre de lecture : nous sommes libres d'aller et venir à notre guise, apparitions et réapparitions d'un personnage offrent l'occasion de rencontres dont l'ordre commandera l'idée que nous nous faisons de l'histoire et des personnages. Le comte de Rastignac, Pair de France, ministre de la Justice en 1845, est évidemment bien différent de l'étudiant pauvre du *Père Goriot.* En cette même année 1845, Jacques Collin quitte ses fonctions de chef de la sûreté *(Splendeurs et misères des courtisanes).* L'ancien forçat devenu policier a-t-il rencontré dans les couloirs du Ministère son élève devenu son supérieur ? On rêve, on construit un roman à son tour... Quelle transformation des personnages et quelle modification de leurs rapports !

■■■■■■ LA DESCRIPTION, ÉLÉMENT DE LA PRÉPARATION PSYCHOLOGIQUE

La description de la pension est fameuse, ainsi que les portraits des pensionnaires. L'inventaire des lieux et de l'ameublement est minutieux. Le romancier paraît se complaire à ses amplifications, même s'il confesse assez vite un scrupule : « Pour expliquer combien ce mobilier est vieux, crevassé, pourri, tremblant, rongé, manchot, borgne, invalide, expirant, il faudrait en faire une description qui retarderait trop l'intérêt de cette histoire, et que les gens pressés ne pardonneraient pas » (p. 28).

La description nous est donnée ici comme le fruit de la vision d'un narrateur qui s'engage et qui juge, et non comme le compte rendu d'un observateur extérieur ou d'un personnage impartial. D'une part, le narrateur porte un jugement sur les objets évoqués au moyen d'une série de qualificatifs. D'autre part, en conteur conscient des règles de son art et généreux de ses secrets, il nous livre ses conceptions de la description. Celle-ci ne doit pas ralentir le cours du récit; elle doit à la fois plaire au lecteur et l'informer.

La plupart des adjectifs qui qualifient le mobilier : « tremblant [...] manchot, borgne, invalide, expirant », peuvent s'appliquer aussi bien à des personnes qu'à des choses. On dirait qu'une correspondance tellement étroite entre les objets et les hommes s'établit que les termes pour désigner la dégradation des uns et des autres sont les mêmes. Si bien que les meubles de la salle à manger Vauquer annoncent déjà, métaphoriquement, les personnages dont les portraits suivront. Pour Balzac, nous l'avons constaté, les mœurs et l'histoire des hommes sont inscrites dans l'architecture de leurs demeures ou dans le décor de leur vie quotidienne. Si bien qu'à l'historien de la société que se veut Balzac, il pourra suffire de décrire la façade d'un immeuble ou l'aspect d'un ustensile pour reconstruire, comme le paléontologue, toutes les vicissitudes de l'existence d'une classe ou d'un individu.

Mais le décor ne façonne pas moins l'homme qu'il n'est façonné par lui. Voyez madame Vauquer : « Toute sa personne explique la pension, comme la pension implique sa personne. Le bagne ne va pas sans l'argousin [1], vous n'imagineriez pas l'un sans l'autre. L'embonpoint blafard de cette petite femme est le produit de cette vie, comme le typhus est la conséquence des exhalaisons d'un hôpital » (p. 29). Plus tard, en 1842, dans l'avant-propos de *La Comédie humaine,* et justifiant par-là la dédicace de son livre au grand naturaliste Geoffroy Saint-Hilaire, Balzac affirmera : « L'animal est un principe qui prend sa forme extérieure ou, pour parler plus exactement, les différences de sa forme, dans les milieux où il est appelé à se développer [...] La société ne fait-elle pas de même, suivant les milieux où son action se déploie, autant d'hommes différents qu'il y a de variétés en zoologie ? » Dès lors, la description, comme le dit Gérard Genette [2], en même temps qu'elle la révèle, éclaire et justifie la psychologie des personnages, dont elle est « à la fois signe, cause et effet ». Par là, comme le souligne encore cet auteur, la description s'intègre profondément à la narration, par les indices multiples et significatifs qui « font pressentir le drame ».

---

1. Anciennement, bas officier des galères.
2. Gérard Genette, « Frontières du récit », dans la revue *Communications*, n° 8.

11 L'art du portrait

■■■ LES ÉLÉMENTS DU PORTRAIT

Un problème a dû se poser à Balzac au moment d'entreprendre la description (p. 32-39) des personnages de mademoiselle Michonneau, de Poiret, de Victorine Taillefer, d'Eugène de Rastignac et de Vautrin. Les éléments constitutifs de la description d'un personnage sont en effet relativement simples, peu nombreux, et attendus : traits du visage, parties du corps, voix, vêtements, attitudes. D'où, pour un romancier, un risque : celui de la banalité et du convenu et, s'il présente plusieurs portraits à la suite, de la monotonie qui engendre l'ennui. Par la variété de son art, Balzac a su éviter ces écueils. Ces pages sont à cet égard un modèle d'habileté.

Examinons dans ces cinq portraits les variations auxquelles se livre le romancier sur trois traits caractéristiques. Le *regard*, d'abord. Il figure comme le signe expressif du caractère des personnages. Alors que les yeux « gris, mélangés de noir » de Victorine expriment « une douceur, une résignation chrétiennes », le « regard blanc » de mademoiselle Michonneau donne froid et menace, tout comme le « regard profond et plein de résolution » de Vautrin imprime la crainte. En revanche, les yeux de Rastignac sont simplement qualifiés de « bleus », et ceux de Poiret passés sous silence. Curieusement, l'absence de toute indication sur leur *voix* dans leurs portraits respectifs associe de nouveau le jeune étudiant au vieil employé. Victorine est dotée en revanche d'une « voix agile », mademoiselle Michonneau de « la voix clairette d'une cigale criant dans son buisson aux approches de l'hiver », comme l'insouciante cigale de La Fontaine, tandis que la « voix de basse-taille » de Vautrin « ne déplaisait point ». Mais si Poiret et Rastignac n'ont pas plus de voix que de regard, leurs portraits ne nous laissent ignorer aucun détail de leurs *vêtements;* en revanche, ne sont décrits que le châle de mademoiselle Michonneau et son « abat-jour » (cette espèce de visière qui protège ses yeux fatigués); et deux mots suffisent à évoquer la tenue de Victorine, tandis qu'absolument rien n'est dit des habits de Vautrin.

Ces différences dans le choix des éléments qui composent les portraits ne sont pas fortuites. Le regard et la voix révèlent un caractère plus directement que tout autre trait distinctif. S'il n'en est pas fait mention à propos de l'étudiant ni du vieil employé, c'est que celui-ci n'est qu' « une espèce de mécanique » sans âme et que celui-là ne se montre encore que sous les dehors d'un beau garçon (pour Victorine, du reste – le texte le précise un peu plus loin, Rastignac représente la Beauté, alors que Vautrin incarne la Force). Et c'est pour cette raison, sans doute, que les portraits de Poiret et de Rastignac insistent tant, par la minutieuse description des vêtements, sur l'aspect purement extérieur de ces deux personnages. L'un et l'autre, en ce début de roman, sont de pures apparences. L'un, parce qu'il n'a plus de caractère, étant flétri, sali, usé par la vie; l'autre, parce qu'il n'en a pas encore, n'ayant pas assez vécu pour affirmer sa personnalité.

■■■■■ EFFETS STYLISTIQUES

Par son style même, Balzac suggère cet aspect mécanique de Poiret auquel nous venons de faire allusion. La première partie de la grande phrase qui le présente, « En l'apercevant s'étendre [...] » (p. 33-34), est à cet égard remarquable. Longue juxtaposition d'expressions descriptives, elle culmine à *dindon,* mot clé qui à la fois éclaire la description et l'incline vers la caricature. Puis l'allure lente, terne et comme mécanique en effet de l'accumulation, est encore mise en valeur par la brièveté et le dynamisme de la seconde partie de la phrase, où s'épanouissent les formules brillantes (« race audacieuse des fils de Japhet qui papillonnent sur le boulevard Italien »). Cette adaptation du style au sujet est une constante du livre. On le constate dès ces premiers portraits. C'est ainsi encore que, si dans l'évocation de Poiret, « ombre grise » et flageolante, les verbes d'état et les modes impersonnels dominent, dans le portrait de Vautrin ce sont des verbes d'action à l'indicatif qui se pressent en abondance. L'homme est actif, toujours en mouvement, insaisissable : tout le contraire de Poiret.

Victorine, elle, est placée sous le signe d'un art ancien; elle est comparée pour sa grâce aux statuettes du Moyen Age (plus tard, p. 245, à « l'une de ces naïves peintures du Moyen Age »). Alors, la description emprunte à la rhétorique une partie de ses prestiges : images gracieuses ou touchantes, alternance de phrases longues et de phrases courtes, périodes aux rythmes ternaires (« par une tristesse »... « par une contenance »... « par un air »...; « Si la joie »... « si les douceurs »... « si l'amour »), parallélismes, maximes. Ainsi s'ordonne tout un discours brillant, poétique et charmeur, en harmonie avec la grâce poétique et un peu désuète de cette jeune fille.

■■■■ LE POINT DE VUE DU NARRATEUR

Dans ces pages, les personnages sont vus par le narrateur, et un narrateur qui adopte, comme dans la description de la Maison-Vauquer, le point de vue d'un pensionnaire, sans s'interdire de laisser sa personnalité s'exprimer. Il ne se contente pas de consigner le résultat de ses observations. Il commente, il juge : « Elle avait raison »; il plaisante : « flatterie peu comprise »; en toute occasion, il fait montre d'une culture variée, par ses références à Juvénal, à La Fontaine, à l'art médiéval, aux poètes modernes. Il s'interroge : « Quel acide... », « Quel travail avait pu »...; il émet des hypothèses : « peut-être [...] peut-être ». La description n'est jamais neutre ni impersonnelle.

Ce parti entraîne deux conséquences intéressantes du point de vue narratif. D'abord, le narrateur ne peut avoir que des informations limitées. Il ne peut nous dire de ses personnages que ce qu'il a pu en apprendre dans sa situation, soit par ce qu'il a entendu, soit par ce qu'il a observé. S'il rapporte – non sans précaution feinte – un épisode de la vie de mademoiselle Michonneau, c'est qu'elle l'avait raconté elle-même (« Elle disait avoir pris soin », et s'il peut narrer l'histoire de Victorine, c'est qu'il a dû surprendre à ce sujet les confidences, les plaintes et les malédictions des dames Couture et Vauquer.

Mais il ne sait pas tout de tous. D'où ses questions et ses hypothèses et, en fin de compte, le caractère énigmatique des portraits de mademoiselle Michonneau, de Poiret et surtout de Vautrin, où les apparences paraissent se contredire pour laisser une « impression douteuse », et où le mot *mystère* clôt le paragraphe (p. 39) et en définit le caractère dominant. Ainsi, la curiosité du lecteur est-elle vivement piquée, et la suite de l'intrigue bien préparée.

Et puis ne sachant pas tout d'eux, en ce début de roman, le narrateur ne peut que déduire les antécédents et le caractère des personnages des traits révélateurs que ses observations lui fournissent. Il sera tenté, comme tout observateur dans sa situation, de rapporter, pour l'expliquer, l'inconnu au connu, le particulier au général. De là paraît découler tout naturellement une autre caractéristique des portraits : le singulier – en l'espèce *l'individu* – y est toujours intégré à une catégorie plus large, à un *type*. Cela est très net dans le portrait de Rastignac, dont les traits du visage dénotent l'origine méridionale, les manières, le fils de famille noble et les vêtements, la condition d'Étudiant (avec un grand E...). On retrouve le même processus dans le portrait de Poiret, qui représente « l'un de ces hommes dont nous disons »...; de Victorine, vue comme l'image des femmes puis de *la* femme; ou de Vautrin qui, par l'effet de ces expressions généralisantes, est présenté comme « un de ces gens dont le peuple dit... », ou comme « l'homme de quarante ans ». Balzac était parfaitement conscient du procédé. Il l'expliquait dans une lettre à madame Hanska, du 26 octobre 1834 : « Dans les *Études de Mœurs* sont les *individualités* typisées, dans les *Études philosophiques* sont les *types* individualisés. Ainsi, partout, j'aurai donné la vie au type en l'individualisant, à l'individu en le typisant. »

◼◼◼ LE POINT DE VUE DU HÉROS

À partir du moment où l'action commence, le narrateur délègue à son jeune héros, nous l'avons dit, le soin de tout entendre et de tout observer. Cela entraîne un changement de point de vue. Désormais, la plupart des personnages sont observés par Rastignac et décrits à travers lui. Les portraits alors s'enrichissent de nouvelles perspectives. Ainsi celui d'Anastasie de Restaud. Le narrateur, auparavant, nous avait présenté la fille de Goriot comme une « femme de race », « *la* femme *désirable* » (p. 60). Dans le récit de la visite que rend l'étudiant à la belle comtesse, c'est la femme *désirée* qui est peinte (p. 88) parce qu'on la fait voir par les yeux d'un Rastignac qui la détaille et la déshabille du regard. Le regard est tout. C'est le fil conducteur de la description. Quelques phrases particulièrement expressives se signalent à l'attention du lecteur. Longues, souples, insinuantes, cadencées, leur mouvement évoque le trajet d'un regard fasciné et la montée du désir. Soit par exemple cette chute riche de sens : « ... et sur lequel son regard s'étalait » (p. 88). Par son rythme de décasyllabe succédant à deux groupes de six syllabes, par le choix et la place du verbe *s'étaler,* et par l'emploi de l'imparfait de durée, cette fin de phrase suggère toutes les voluptés d'un regard qui s'attarde, véritables prémices d'une possession charnelle...

Le portrait de Maxime de Trailles, à la page 89, offre un fort contraste, par sa facture, avec celui de la comtesse, sa maîtresse. Certes, c'est toujours Rastignac qui observe le personnage. Mais le sentiment qui l'envahit en face du dandy est à l'opposé de celui qu'il vient d'éprouver devant madame de Restaud, et le principe de la description est tout différent. Autant le portrait de la comtesse ne semblait obéir qu'à la liberté d'une contemplation et d'une rêverie amoureuses, autant celui de Maxime de Trailles est dominé par la rigueur d'un développement logique, avec ses trois phrases commençant successivement par *D'abord,* par *Puis* et par *Enfin,* et dont les deux dernières ont la même construction oppositionnelle avec *tandis que* (p. 89). C'est que le portrait s'intègre à une analyse et à une explication d'ordre psychologique et intellectuel. Il s'agit moins alors de décrire Maxime de Trailles que d'élucider les raisons de la haine qu'il inspire à celui qui l'observe.

Ainsi, qu'il s'agisse du portrait de la comtesse ou de celui du dandy, la description nous renseigne autant sur l'état d'âme de celui qui voit que sur le physique de ceux qui sont vus. Le portrait n'est plus seulement une préparation ou une pause du récit. Il devient un élément de l'analyse psychologique et un moteur de l'action.

■■■■■ LE PORTRAIT DIALOGUÉ

Dans ces deux derniers portraits, c'est le héros qui voit mais c'est le narrateur qui parle, et qui trahit encore sa présence par ses considérations générales : « Comme le sont les femmes de Paris » (p. 88), ou ses appréciations : « Le spirituel enfant de la Charente (p. 89). Il en est tout autrement dans le portrait de Delphine de Nucingen, pour lequel Balzac adopte une autre technique encore, celle du portrait dialogué (p. 170). Au théâtre, Rastignac n'est plus seul à observer la femme qu'il convoite (la sœur de madame de Restaud, cette fois) puisque madame de Beauséant est à ses côtés. Le narrateur se contente, alors, de rapporter au style direct les paroles de ses personnages, qui se livrent alternativement à la description – et au commentaire ! – de Delphine. Leur dialogue ne manque pas de piquant. Rastignac admire de bon cœur, s'abandonne à son enthousiasme juvénile, tandis que la grande dame réagit en femme et en aristocrate pour dénigrer la beauté et les manières de la fille de Goriot... Là encore, le portrait révèle autant les peintres que le modèle. Mais le narrateur s'est effacé complètement. Ses interventions, du reste, se feront de plus en plus rares à mesure que l'intrigue se développera. Les personnages n'en prendront que plus d'autonomie et de relief; les caractères s'affirmeront. L'individu alors se dégagera du type.

12 Le Père Goriot **et le réalisme de Balzac**

En bon conteur, Balzac interpelle le lecteur dès les premières pages, comme pour piquer sa curiosité et guider sa lecture : « Après avoir lu les secrètes infortunes du père Goriot, vous dînerez avec appétit en mettant votre insensibilité sur le compte de l'auteur, en le taxant d'exagération, en l'accusant de poésie. Ah ! sachez-le : ce drame n'est ni une fiction, ni un roman. *All is true...* » (p. 22). Ce faisant, le romancier prend nettement parti contre un art mensonger par idéalisme romantique ou fantaisie romanesque. Il nous amène, du même coup, à nous interroger sur le réalisme de son œuvre et sur le vrai dans l'œuvre littéraire.

■■■■ LE RÉALISME VISIONNAIRE

Aux yeux d'un censeur pointilleux, la vérité paraîtra peut-être quelque peu malmenée dans *Le Père Goriot,* car on y relève des erreurs matérielles. En fait, peu importent quelques menues erreurs de dates. Balzac n'a pas, comme plus tard certains écrivains naturalistes, le culte de la fiche et du document brut. En fait – et la critique érudite le confirme pour le lecteur du XXᵉ siècle – le Paris de la Restauration que nous présente *Le Père Goriot* est vrai.

Mais l'ambition du romancier est plus haute. Car pour lui, « rendre l'esprit d'une époque », c'est aussi et surtout présenter « l'analyse et la critique de la société dans toutes ses parties » (Préface de *Splendeurs et misères des courtisanes,* 1844). Voilà un projet qui obligeait l'écrivain à aller au-delà de la simple reproduction des choses matérielles. Et c'est en effet à quoi il est parvenu. Certes, dans *Le Père Goriot,* la description de la pension donne une forte impression de réalité au lecteur, grâce à l'accumulation et à la mise en valeur des détails concrets, minutieux, précis. Balzac est bien alors le *nomenclateur*, l'*enre-*

gistreur, et le *peintre* qu'il veut être. Mais il y dépasse le point de vue du « plus humble des copistes » par son don d'imprimer à ce qu'il décrit une vie et un relief extraordinaires, de voir dans les choses plus que les choses, et notamment – selon une de ses formules frappantes – « la représentation matérielle » que les hommes donnent de leur pensée par le décor de leur vie et le mobilier dont ils usent.

Ce sont ces effets de son imagination puissante et pénétrante qui ont fait dire à certains critiques, de Théophile Gautier et Baudelaire à Albert Béguin ou S. Zweig, que Balzac était un écrivain plus visionnaire que réaliste. Mais n'est-il pas, en fait, d'autant plus réaliste qu'il a su associer à l'acuité de l'observation l'élan d'une imagination poétique ? Et n'est-ce pas cela, en fin de compte, qui nous donne, quand nous le lisons, le sentiment de « surprendre le sens caché » du monde ?

■■■■■ L'ART DE LA SYNTHÈSE

Il serait cependant excessif de prétendre qu'il *crée* le réel. « L'art du romancier, écrit Balzac, consiste à être vrai dans tous les détails quand son personnage est fictif » (*Lettre sur la littérature,* 1840). Un bon exemple de cette démarche nous est fourni dans *Le Père Goriot* par la figure de madame Vauquer. Le personnage est imaginaire, certes, mais il emprunte à la réalité certains de ses éléments constitutifs, comme son nom, son jupon, ou sa façon de prononcer *tieuilles*[1]. Un mot définira cette démarche du romancier qui choisit « les détails de la vérité pour en faire un tout homogène, un ensemble complet » *(Études de mœurs).* C'est le mot *synthèse.*

On remarquera que cette synthèse ne s'exerce pas seulement sur « les parties éparses de la nature » pour produire personnages où décors. Elle vise aussi à unir des éléments dispersés dans le roman, afin de leur donner tout leur sens. Attachons-nous, pour le montrer, au

---

1. Vauquer était le nom d'une institution de Tours qu'avaient fréquentée les sœurs de Balzac. On sait par ailleurs qu'une demoiselle Vauquer était morte en 1809 dans une pension parisienne de la rue de la Clef. Quant à la prononciation aberrante de *tilleuls,* Balzac ne l'a pas non plus inventée. C'est madame Hanska, sa maîtresse et future femme, qui prononçait ainsi ce mot.

fameux jupon de madame Vauquer : « Son jupon de laine tricotée, qui dépasse sa première jupe faite avec une vieille robe, et dont la ouate s'échappe par les fentes de l'étoffe lézardée, résume le salon, la salle à manger, le jardinet, annonce la cuisine et fait pressentir les pensionnaires » (p. 29).

A la fin du paragraphe précédent (p. 28), Balzac avait ébauché une allégorie de la misère qui lui avait suggéré la métaphore des haillons. Ici, le jupon réalise concrètement l'image, et *lézardée,* qui ne s'applique habituellement qu'aux murs, facilite et légitime, par son impropriété même, le rapprochement de cette pièce de vêtement avec les pièces de la maison qu'il est censé « annoncer », mieux : qu'il est censé *résumer.* Le jupon de madame Vauquer n'est plus seulement *vrai,* il devient représentatif de toute une vie, de tout un milieu. Un simple détail vestimentaire concentre en lui-même un ensemble d'impressions et d'observations. On mesure bien, par-là, ce que l'art de la synthèse apporte au réalisme de Balzac : le réel, et son symbole.

LE VRAI ET LE VRAISEMBLABLE

Mais, dira-t-on, si l'on veut être vrai, et être cru, pourquoi ne pas raconter simplement un fait tel qu'il s'est produit réellement, ne pas décrire un personnage tel qu'il a vraiment existé; pourquoi, en un mot, vouloir *synthétiser* événements et personnages ? C'est que, pour Balzac, « la vie réelle est trop dramatique ou pas assez littéraire. Le vrai souvent ne serait pas vraisemblable, de même que le vrai littéraire ne saurait être le vrai de la nature » (Préface au *Cabinet des antiques,* 1839). C'est pourquoi, déclare le romancier, « le génie a pour mission de chercher, à travers les hasards de la vie, ce qui doit sembler probable à tout le monde » (*Une fille d'Ève,* 1838).

S'il veut s'appuyer sur le « consentement unanime » de ses lecteurs, le romancier devra donc éviter d'évoquer des individualités ou des situations exceptionnelles. Comme l'écrit Balzac dans sa *Lettre sur la littérature :* « Les héros doivent être des généralités ». Maupassant lui fera écho plus de quarante ans plus tard : « (...) nous n'avons pas le droit de copier la nature. Car nous devons toujours prendre les moyennes et les généralités » (*Réponse à A. Wolff*, 1882).

D'où vient alors que, malgré ses intentions maintes fois proclamées, on ait reproché à Balzac ses « exagérations » ? D'un malentendu, peut-être. Car, pour lui, la généralité n'est pas dans l'humanité moyenne, et c'est en cela qu'il se distingue des romanciers réalistes qui lui succéderont. Certes, dans notre roman, Vautrin et Goriot, nés comme madame Vauquer de la synthèse de détails vrais, sont tous deux représentatifs, l'un de la révolte et du crime, l'autre de la paternité. Mais ils sont plus grands que nature. Leur tempérament et la passion qu'ils incarnent leur confèrent une dimension presque surhumaine, au point que l'un finit par faire figure d' « archange déchu qui veut toujours la guerre », l'autre de « Christ de la paternité ». Être agrandis aux dimensions épiques ne les rend pourtant pas moins vrais. Par leurs qualités de types ils contribuent autant que des figures moins saillantes à rendre l'esprit d'un siècle et d'une société.

En cherchant la garantie du vrai dans l'accord le plus large, Balzac n'était pas loin – au moins en théorie – de la conception que les classiques se faisaient du vraisemblable. Pas loin non plus, encore une fois, d'un Maupassant qui, dans sa fameuse préface à *Pierre et Jean* (1888), ira jusqu'à citer, lui, le célèbre vers de Boileau :

« Le vrai peut quelquefois n'être pas vraisemblable. »

Pour en conclure : « Le réaliste, s'il est un artiste, cherchera non pas à nous montrer la photographie banale de la vie, mais à nous en donner la vision plus complète, plus saisissable, plus probante que la réalité même. »

■■■■■■■ FIGURES NARRATIVES ET VRAISEMBLANCE

Là où Balzac parle de *probable,* Maupassant parle de *probant.* Est-ce à dire que l'auteur du *Père Goriot* ne se souciait que de paraître vrai alors que celui de *Bel-Ami* entendait dégager une philosophie de son roman, *prouver* des idées ? L'analyse des structures narratives, qui pose d'une autre manière la question du vraisemblable, nous aidera à répondre à cette question.

Les effets de symétrie

Revenons à l'examen de la quatrième partie du livre. Nous y retrouvons les effets de redoublement et de symétrie que nous avons observés ailleurs. Plusieurs couples d'événements semblables s'y succèdent en effet, avec une régularité implacable. Ce sont d'abord les visites, presque simultanées, des deux filles à leur père, toutes deux motivées par des embarras d'argent liés à une situation conjugale délicate et, le lendemain, au lieu du retour attendu de ses filles, c'est le passage à la pension du commissionnaire d'Anastasie, et la lettre de Delphine à Rastignac. Les démarches toutes deux vaines de Christophe, qui ne parvient à faire revenir ni Delphine ni Anastasie au chevet de leur père, sont suivies des visites de Rastignac aux deux dames, qui le reçoivent avec un égal égoïsme. Après la mort de Goriot, le héros trouvera porte close à l'hôtel des Restaud comme à celui des Nucingen, mais deux voitures accompagnent le corps au cimetière. Dans l'un et l'autre cas, les maîtres se sont contentés de déléguer leur domestique à l'enterrement.

Les réactions des Restaud et des Nucingen sont donc identiques. C'est là que nous nous interrogeons. Est-il « vraisemblable », en effet, que les gendres du père Goriot déclenchent au même moment des drames qui, bien que latents, ne devaient pas nécessairement éclater simultanément? Est-il bien vraisemblable que les deux filles se rencontrent chez leur père à la même heure, et que Thérèse et Anastasie arrivent toutes deux trop tard à la pension, au même moment? Est-il vraisemblable, enfin, que Restaud et Nucingen, si soucieux de respectabilité, aient tous deux l'idée de faire suivre le convoi mortuaire de leur beau-père par leur voiture armoriée et vide, au risque d'attirer publiquement l'attention sur leur infamie?

Le sens profond de l'œuvre

« Coup de pouce » d'un artiste épris d'effets dramatiques? Bien sûr. Mais nous devons nous rendre compte que nous sommes en fait en présence d'un conflit dont une certaine conception du réalisme est l'enjeu. Là, en effet, les structures formelles de la narration s'opposent au respect de la vraisemblance et c'est l'influence des structures qui l'emporte. La vraisemblance est sacrifiée au sens profond de l'œuvre.

Car les structures ont une fonction et un sens. En mettant constamment, dans la quatrième partie, Delphine et Anastasie en parallèle, Balzac invite le lecteur à conclure que l'égoïsme et l'ingratitude ne sont pas seulement des traits des caractères individuels des filles de Goriot, mais bien les effets de causes qui sont à chercher dans la société et qui concernent toute personne placée dans des situations semblables. Analogies et répétitions soulignent cette monstrueuse égalité dans l'égoïsme qui rapproche tous les personnages.

██████ LE RÉALISME CRITIQUE

L'or et le plaisir sont les raisons profondes de toutes les ambitions comme de toutes les compromissions et de toutes les déchéances. C'est cette réalité-là qui compte pour Balzac. Et pour nous. Il fallait passer par le détour de l'art pour lui donner toute sa force probante.

Car, en dépit de sa formule : « daguerréotyper[1] une société » (Préface de *Splendeurs et misères des courtisanes*), le réalisme de Balzac ne consiste pas plus que pour tout artiste réaliste dans une reproduction photographique du monde. Comme nous l'avons vu, le romancier choisit, transpose, combine, concentre des parties de la réalité sociale pour les faire entrer dans son œuvre. Et, avec des personnages et des situations typiques, il compose l'intrigue, construit des structures narratives parfois complexes, toujours expressives; il fait jouer entre eux et se répondre maints éléments du réel pour suggérer échos, correspondances, oppositions, symboles. Le réalisme critique, qui nous livre en fin de compte la clef de la société, est au prix de cette transmutation et de cette élaboration poétique.

---

1. Le daguerréotype – du nom de Daguerre, son inventeur – est le procédé primitif de la photographie, inventé en 1839, qui consistait à fixer l'image d'un objet sur une plaque métallique.

BIBLIOGRAPHIE

Études générales

– Maurice Bardèche, *Balzac romancier* (Plon, 1945; Slatkine, 1967). Les chapitres X et XI sont principalement consacrés au *Père Goriot*. A compléter par le *Balzac,* du même auteur (Julliard, 1980).
– André Wurmser, *La Comédie inhumaine* (Gallimard, 1970). Pages suggestives sur Goriot (p. 117-119), les personnages reparaissants (p. 363-378), Balzac et Zola (p. 723-726).

Études particulières

– Emmanuel Querouil « *Le Père Goriot* » de Balzac et le roman d'éducation (Bordas, 1990).
– Pierre Barberis, « *Le Père Goriot* » de Balzac : écriture, structures, significations (Larousse, « Thèmes et textes », 1972).
– Linda Rudich, « Pour une lecture nouvelle du Père Goriot », revue *La Pensée,* n° 168, mars-avril 1973.

On consultera en outre avec profit les livraisons de *l'Année balzacienne,* publiées chaque année par le Groupe d'études balzaciennes (Garnier).

INDEX DES THÈMES ET NOTIONS

(Les chiffres renvoient aux pages du Profil)

PROFIL LITTÉRATURE

Imprimé en France par l'Imprimerie Hérissey - 27000 Évreux
N° d'édition : 17369 - N° d'impression : 83566 - Dépôt légal : avril 1999